中华思想座右铭丛书

人伦交际座右铭

曾微隐　陆　雨 ◆ 编著

吉林人民出版社

图书在版编目（CIP）数据

人伦交际座右铭／曾微隐，陆雨编著 . -- 长春：
吉林人民出版社，2012.5
　（中华思想座右铭丛书）
　ISBN 978-7-206-09067-7

　Ⅰ . ①人… Ⅱ . ①曾… ②陆… Ⅲ . ①座右铭 – 汇编
– 中国 – 青年读物②座右铭 – 汇编 – 中国 – 少年读物
Ⅳ . ①H136.3-49

中国版本图书馆 CIP 数据核字(2012)第 113477 号

人伦交际座右铭

RENLUN JIAOJI ZUOYOUMING

编　　著:曾微隐　陆　雨
责任编辑:刘　涵　　　　　　　封面设计:七　洱
吉林人民出版社出版　发行（长春市人民大街7548号　邮政编码:130022）
印　　刷:永清县晔盛亚胶印有限公司
开　　本:670mm×950mm　　1/16
印　　张:10　　　　　　　字　　数:70千字
标准书号:ISBN 978-7-206-09067-7
版　　次:2012年7月第1版　　印　　次:2023年6月第3次印刷
定　　价:35.00元

如发现印装质量问题，影响阅读，请与出版社联系调换。

目录
CONTENTS

人　伦

目录 CONTENTS

交　际

目录 CONTENTS

目录 CONTENTS

人 伦

父子有亲，君臣有义，夫妇有别，长幼有序，朋友有信。

————（先秦）《孟子·滕文公上》

【注解】

（1）亲：亲情。

（2）义：忠义。

（3）别：区别。

（4）序：顺序。

（5）信：信任。

【翻译】

父子间有亲情，君臣间有忠义，夫妻间有区别，老少间有顺序，朋友间有信任。

【链接】

孟　子

孟子（前372—前289年），名轲，字子舆（待考，一说字子车或子居），战国时期鲁国人，鲁国庆父后裔。中国古代著名思想家、教育家，战国时期儒家代表人物。孟子继承并发扬了孔子的思想，成为仅次于孔子的一代儒家宗师，有"亚圣"之称，与孔子合称为"孔孟"。

孟子3岁丧父，孟母艰辛地将他抚养成人。孟母管束甚严，"孟母三迁""孟母断织""不敢去妇"等故事，成为千古美谈，是后世母教之典范。《韩诗外传》载有孟母"断织"等故事，《列女传》载有"孟母三迁"等故事。孟子曾仿效孔子，带领门徒周游各国，但不被当时各国所接受，随后退隐，与弟子一起著书。孟子在政治上主张法先王、行仁政；在学说上推崇孔子，攻击杨朱、墨翟。孟子与其弟子的言论汇编于《孟子》一书，是儒家学说的经典著作之一。孟子的文章说理畅达，气势充沛，逻辑严密，尖锐机智，代表着传统散文写作的一个高峰。孟子在人性问题上提出性善论，即"人之初，性本善"。

五　伦

　　五伦就是五种人伦关系，古人以君臣、父子、夫妇、兄弟、朋友为"五伦"。《孟子·滕文公上》说："使契为司徒，教以人伦：父子有亲，君臣有义，夫妇有别，长幼有序，朋友有信。"孟子认为，父子之间有骨肉之亲，君臣之间有礼义之道，夫妻之间挚爱而又内外有别，老少之间有尊卑之序，朋友之间有诚信之德，这是处理人与人之间关系的道理和行为准则。

父母之心，人皆有之。

—— （先秦）《孟子·滕文公下》

【注解】

（1）父母之心：指爱子女之心。

【翻译】

爱护子女的心，每个人都有。

【链接】

《孟子》

《孟子》一书是孟子的言论汇编，由孟子及其再传弟子共同编写而成，记录了孟子的语言、政治观点（包括仁政、王霸之辨、民本、格君心之非、民贵君轻）和政治行动，属儒家经典著作。其学说出发点为性善论，提出"仁政""王道"，主张德治。《孟子》有7篇14卷传世，包括：《梁惠王》（上、下）；《公孙丑》（上、下）；《滕文公》（上、下）；《离娄》（上、下）；《万章》（上、下）；《告子》（上、下）；《尽心》（上、下）。南宋时朱熹将《孟子》与《论语》《大学》《中庸》合在一起，称"四书"。《孟子》是"四书"中篇幅最大的一本，有三万五千多字，从此直到清末，"四书"一直是科举必考内容。

老吾老，以及人之老；幼吾幼，以及人之幼。

—— （先秦）《孟子·梁惠王上》

【注解】

（1）老：第一个"老"字是动词，"赡养""孝敬"的意思，第二个及第三个"老"字是名词，"老人""长辈"的意思。

（2）幼：第一个"幼"字是动词，"抚养""教育"的意思，第二个及第三个"幼"字是名词，"子女""小辈"的意思。

（3）及：推己及人。

【翻译】

尊敬我的长辈，从而推广到尊敬别人的长辈；爱护自己的晚辈，从而推广到爱护别人的晚辈。

【链接】

孟子受教

原文：

孟子妻独居，踞，孟子入户视之，向其母曰："妇无礼，请去之。"母曰："何也？"曰："踞。"其母曰："何知之？"孟子曰："我亲见之。"母曰："乃汝无礼也，非妇无礼。《礼》不云乎？将入门，问孰存。将上堂，声必扬。将入户，视必下。不掩人不备也。今汝往燕私之处，入户不有声，令人踞而视之，是汝之无礼也，非妇无礼。"于是孟子自责，不敢去妇。

——引自（汉）韩婴《韩诗外传》

翻译：

孟子的妻子独自一人在屋里，蹲在地上。孟子进屋看见妻子这个样子，就向母亲说："这个妇人不讲礼仪，请准许我把她休了。"

孟母说："什么原因？"

孟子说："她蹲在地上。"

孟母问："你怎么知道的？"

孟子曰："我亲眼看见的。"

孟母说："这是你不讲礼仪，不是妇人不讲礼仪。《礼经》上不是这样说嘛，将要进门的时候，必须先问谁在里面；将要进入厅堂的时候，必须先高声传扬，让里面的人知道；将进屋的时候，必须眼往下看。《礼经》这样讲，为的是不让人措手不及，无所防备。而今你到妻子闲居休息的地方去，进屋没有声响，人家不知道，因而让你看到了她蹲在地上的样子。这是你不讲礼仪，而不是你的妻子不讲礼仪。"

孟子听了孟母的教导后，认识到自己错了，再也不敢提休妻的事了。

人之行，莫大于孝。

——《孝经·圣治》

【注解】

（1）行：品行。

（2）莫：没有。

【翻译】

人的品行，没有比孝更重要的了。

【链接】

《孝经》

《孝经》是中国古代儒家的伦理学著作。传说是孔子自作，但南宋时已有人怀疑是出于后人附会。清代纪昀在《四库全书总目》中指出，该书是孔子"七十子之徒之遗言"，成书于秦汉之际。自西汉至魏晋南北朝，注解者及百家。现在流行的版本是唐玄宗李隆基注，宋代邢昺疏，全书共分18章。

《孝经》只有一千八百多字，篇幅虽小，但依然是一本独立的经书，是"十三经"之一。

孝顺父母只是孝道的开始

《孝经》的《开宗明义》章曰："夫孝，始于事亲，中于事君，终于立身。"由此可见儒家的孝道的观念不止于孝顺父母而已，孝顺父母只是孝道的开始。书中首次将忠君和孝顺联结起来，认为有"孝道"的人才能尽"忠"。书中还对不同等级的人规定了不同的行"孝"内容。比如，天子的"孝"要博爱，要能感化百姓；官员的"孝"要在行动、言语、服饰上都合乎礼节，起到榜样作用；普通老百姓则需做到：保重自己的身体，爱护自己的名誉，节省用度，使父母衣食无忧。

在中国古代，《孝经》对传播和维护封建的伦理道德起了很大的作用，深受历代统治者推崇，《孝经》在唐代被尊为经书，南宋以后被列为"十三经"之一。

身体发肤，受之父母，不敢毁伤，孝之始也。

——《孝经·开宗明义》

【注解】

（1）发：头发。

（2）肤：皮肤。

【翻译】

身体、头发、皮肤，都是父母所给的，不敢毁损、伤害，这是孝的开始。

【链接】

孝是一个人品性的根本

《孝经》以孝为核心，阐发了儒家的伦理道德思想。在本书中肯定了"孝"是上天所定的规范，指出孝是一个人品性的根本，国君可以用"孝道"治国，臣民可以用孝安身立家，保持地位和富贵。《孝经》还把道德规范与法律（刑律）联系起来，认为"五刑之属三千，而罪莫大于不孝"，提出要借用国家法律的权威，维护其宗法等级关系和道德秩序。

爱亲者不敢恶于人，敬亲者不敢慢于人。

——《孝经·天子》

【注解】

（1）亲：双亲，父母。

（2）恶：不好。

（3）慢：轻慢。

【翻译】

爱父母的人不会对他人不好，敬重父母的人不会对他人轻慢。

事父母几谏，见志不从，又敬不违，劳而不怨。

—— （先秦）《论语·里仁》

【注解】

（1）事：侍奉。

（2）几：委婉。

（3）谏：规劝。

（4）志：意见。

（5）从：听从。

（6）劳：担心。

（7）怨：抱怨。

【翻译】

侍奉父母时应该委婉地表达自己的意见，如果不被父母采纳，对父母仍然要敬重，不可违背父母的意志，虽然担心，但不能埋怨父母。

【链接】

《论语》

《论语》是儒家学派的经典著作之一，由孔子的弟子及其再传弟子编撰而成。它以语录体和对话文体为主，记录了孔子及其弟子的言行，集中体现了孔子的政治主张、伦理思想、道德观念及教育原则等，成书于战国初期。通行本《论语》共20篇，492章，其中记录孔子与弟子及时人谈论之语约444章，记录孔门弟子相互谈论之语48章。《论语》以记言为主，"论"是论纂的意思，"语"是话语。《论语》成书于众人，记述者有孔子的弟子，有孔子的再传弟子，也有孔门以外的人。

父母之年，不可不知也。一则以喜，一则以惧。

——（先秦）《论语·里仁》

【注解】

（1）年：年龄。

（2）一则：一方面。

（3）以：而。

（4）惧：担忧。

【翻译】

做子女的，对父母的年龄不能不知道。一方面为他们的健康长寿而欢喜，一方面为他们的年老而担忧。

【链接】

《论语·里仁》

《论语·里仁》是《论语》的第四篇，包括26章，主要内容涉及义与利的关系问题、个人的道德修养问题、孝敬父母的问题以及君子与小人的区别。本篇包括了儒家的若干重要范畴、原则和理论，对后世都产生过较大影响。

"里仁"

子曰："里仁为美，择不处仁，焉得知？"

【注解】

（1）里仁为美：里，住处，借作动词用。住在有仁者的地方才好。

（2）处：居住。

（2）知：通"智"。

【翻译】

孔子说："跟有仁德的人住在一起，才是好的。如果你选择的住处不是跟有仁德的人在一起，怎么能说你是明智的呢？"

每个人的道德修养既是个人自身的事，又必然与所处的外界环境有关。重视居住的环境，重视对朋友的选择，这是儒家一贯重视的问题。与有仁德的人住在一起，耳濡目染，都会受到仁德者的影响；反之，就不大可能养成仁的情操。

父母在，不远游，游必有方。

—— （先秦）《论语·里仁》

【注解】

（1）方：确切的方位、去向。

【翻译】

父母健在，不远游他乡。如果迫不得已要外出，也要告知父母确切的去向。

【链接】

孝

孝是在以血缘关系为纽带的宗法家族制度的基础上产生的意识形态。孝是事亲，"善事父母曰孝""万物本手天，人本乎祖"故人应孝。因此，孝被认为是"德之本"。《礼记》说："身体发肤，受之父母，不敢毁伤。"是孝之始。"立身行道扬名于后世，以显父母，孝之终也。"孝有三等："大孝尊亲，其次弗辱，其下能养。"孝不仅指赡养父母，还应尊敬父母，"起敬起孝"，要使父母心情舒畅，父母死后，子女要"敬行其身，无遗父母恶名"，才能完成孝道。中国古代非常重视孝道，认为"士有百行，孝敬为先"。人应"入则孝，出则悌"。"治身莫先于孝"人无孝则不能立身。孔子甚至说："五刑之属三千，而罪莫大于不孝。"不孝不仅是违背道德的，而且是法律所不能允许的。

孔　子

孔子（前551—前479年），名丘，字仲尼，春秋时期鲁国人。中国古代伟大的教育家、政治家和思想家，儒家学派创始人，世界最著名的文化名人之一。

据《史记·孔子世家》记载，孔子的祖先本是殷商后裔。周灭商后，周成王封商纣王的庶兄、商朝忠正的名臣微子启于宋，建都商丘（今河南商丘一带）。微子启死后，其弟微仲即位，微仲就是孔子的先祖。

自孔子的六世祖孔父嘉之后，后代子孙开始以孔为姓。孔子的曾祖父孔防叔为了逃避宋国内乱，从宋国逃到了鲁国。

孔子的父亲叔梁纥（叔梁为字，纥为名）是鲁国极为有名的勇士。叔梁纥先娶施氏，生下9个女儿，却没有儿子。他的妾生下一个儿子，叫孟皮，足部有病。在当时的情况下，女子和残疾的儿子都不宜继嗣。叔梁纥晚年与年轻女子颜氏生下孔子。由于孔子的母亲曾去尼丘山祈祷，然后怀下孔子，又因孔子刚出生时头顶的中间凹下，像尼丘山，故起名为丘，字仲尼。仲是第二的意思，叔梁纥的长子为孟皮，孟为第一的意思。

孔子3岁的时候，父亲病逝，之后孔子的家境相当贫寒。孔子极为聪明，并且好学，20岁时，学识就非常渊博，被当时的人称赞为"博学好礼"。但孔子自己不这样认为，他说："圣则吾不能，我学不厌，而教不倦也。"孔子学无常师，谁有知识，谁那里有他所不知道的东西，他就拜谁为师，因此他说"三人行，必有我师焉"。

据《史记》记载，孔子三十多岁时曾问礼于老子，临别时老子赠言说："聪明深察而近于死者，好议人者也。博辩广大危其身者，发人之恶者也。为人子者毋以有己，为人臣者毋以有己。"这是老子对孔子的善意提醒，也指出了孔子的一些毛病，就是看问题太深刻，讲话太尖锐，伤害了一些有地位的人，会给自己带来很大的危险。

出于种种原因，孔子在政治上没有大的作为，但在治理鲁国的3个月中，足见孔子无愧于杰出政治家的称号。政治上不得意，孔子就将大部分精力用在教育事业上。孔子打破了教育垄断，开创了私学。孔子的弟子多达3 000人，贤人有72人，其中有很多是各国高官。

孔子创立了以仁为核心的道德学说，他自己也是一个善良之人，富有同情心，乐于助人，待人真诚、宽厚。"己所不欲，勿施于人""君子成人之美，不成人之恶""躬自厚而薄责于人"等，都是他做人的准则。

孔子的思想及学说对后世产生了极其深远的影响。《论语》是儒家的经典著作，由孔子的弟子及再传弟子编纂而成，是一本记录孔子及其弟子言行的书。

1988年，75位诺贝尔奖获得者在巴黎发表联合宣言，呼吁全世界"21世纪人类要生存，就必须汲取两千年前孔子的智慧"，由此可见孔子思想之伟大。

哀哀父母，生我劬劳。

——（先秦）《诗经·小雅·蓼莪》

【注解】

（1）哀哀：忧伤的样子。

（2）劬：劳苦，劳累。

【翻译】

可怜父母双亲，生我养我多艰辛。

【链接】

《诗经·小雅·蓼莪》

这是一首儿子悼念父母的诗。诗人痛惜父母辛辛苦苦养育了他，而他却不能报恩德于万一。抒发失去父母的孤苦和未能终养父母的遗憾，沉痛悲怆，凄恻动人，清人方玉润称之为"千古孝思绝作"（见《诗经原始》卷十一）。

蓼蓼者莪，匪莪伊蒿。
哀哀父母，生我劬劳。
蓼蓼者莪，匪莪伊蔚。

哀哀父母，生我劳瘁。

瓶之罄矣，维罍之耻。

鲜民之生，不如死之久矣。

无父何怙，无母何恃。

出则衔恤，入则靡至。

父兮生我，母兮鞠我。

拊我畜我，长我育我。

顾我复我，出入腹我。

欲报之德，昊天罔极。

南山烈烈，飘风发发。

民莫不穀，我独何害。

南山律律，飘风弗弗。

民莫不谷，我独不卒。

注解：

（1）蓼：长大貌。

（2）莪：莪蒿。

（3）蔚：牡蒿。花如胡麻花，紫赤，像角，锐而长。

（4）瓶之罄矣，维罍之耻：瓶小而尽，罍大而盈。言罍耻者，讽刺天子不使贫富均。

（5）怙：依靠。

（6）昊天罔极：指父母之恩如天，大而无穷。

（7）烈烈：艰阻貌。

（8）发发：疾貌。

（9）穀：养。

（10）律律：同"烈烈"。弗弗：风声。

（11）卒：终，指终养父母。

翻译：

那高大的植物是莪蒿吧，不是莪蒿，是青蒿。可怜的父母啊！为了生养我受尽劳苦。

那高大的植物是莪蒿吧，不是莪蒿，是牡蒿，可怜的父母啊！为了生养我积劳成疾。

小瓶的酒倒光了，是大酒坛的耻辱。孤苦伶仃的人活着，还不如早些死去的好。没了父亲，我依靠谁？没了母亲，我仰赖谁？出门在外，心怀忧伤；踏进家门，魂不守舍。

父母双亲啊！您生养了我，抚慰我，养育我，庇护我，不厌其烦地照顾我，无时无刻不怀抱着我。想要报答你们的恩德，而你们的恩德就像天一样浩瀚无边。

南山高耸，暴风阵阵起，人们没有不过好日子的，为何只有我遭受不幸。南山高巍，暴风呼呼吹，人们没有不幸福的，为何只有我不得终养父母。

积善之家，必有余庆；积不善之家，必有余殃。

—— （先秦）《易经·坤》

【注解】

（1）积善：积累善行。

（2）余庆：先人积累下的福泽。

（3）余殃：先人积累下的祸患。

【翻译】

积累善行的家庭，一定会给子孙留下福泽；积累恶行的家庭，一定会给子孙留下祸患。

【链接】

《易经》

《易经》是中国最古老的文献之一，并被儒家尊为"五经"之首、上古三大奇书（《黄帝内经》《易经》《山海经》）。《易经》最初是占卜用的书，但它的影响遍及中国的哲学、宗教、医学、天文、算术、文学、音乐、艺术、军事和武术。《易经》以一套符号系统来描述状态的变易，表现了中国古典文化的哲学和宇宙观。它的中心思想，是以阴、阳两种元素的阴阳一元论去描述世间万物的变化。

《易经》分为《上经》三十卦，《下经》三十四卦。

因为《易经》成书很早，大约在西周时期，文字含义随时代演变，《易经》的内容在春秋战国时便已不易读懂，所以春秋战国时代的人撰写了《十翼》，又称为《易传》，以解读《易经》。

同声相应，同气相求。

—— （先秦）《易经·乾》

【注解】

（1）声：声调。

（2）应：应和。

（3）气：气质。

（4）求：寻求。

【翻译】

声调相同的互相应和，气质相同的互相寻求。

慈父之爱子，非为报也。

—— （汉）《淮南子·缪称训》

【翻译】

慈爱的父亲爱护孩子，并不是为了报答。

【链接】

《淮南子》

《淮南子》又名《淮南鸿烈》《刘安子》，是西汉宗室淮南王刘安主持门下宾客编写的。由于刘安是淮南王，故而得名。《淮南子》著录内21篇，外33篇，内篇论道，外篇杂说，今存内21篇。全书内容庞杂，它将道家、阴阳家、墨家、法家和一部分儒家思想糅合起来，但主要的宗旨倾向于道家，《汉书·艺文志》则将它列入杂家。实际上，该书是以道家思想为指导，吸收诸子百家学说，融会贯通而成，是战国至汉初黄老之学理论体系的代表作。《淮南子》在阐明哲理时，旁涉奇物异类、鬼神灵怪，保存了一部分神话材料，像"女娲补天""后羿射日""共工怒触不周山""嫦娥奔月""大禹治水"等古代神话，主要靠本书得以流传。

夫妇之道，有义则合，无义则离。

——（汉）班固《汉书·孔光传》

【注解】

（1）道：原则。

（2）义：情义。

【翻译】

做夫妻的原则是彼此有情义就结合，无情义就分手。

【链接】

《汉书》

《汉书》又称《前汉书》，由我国东汉时期的历史学家班固编撰，是中国第一部纪传体断代史，"二十四史"之一。《汉书》是继《史记》之后我国古代又一部重要史书，与《史记》《后汉书》《三国志》并称为"前四史"。

《汉书》沿用《史记》的体例，又略有变更，改"书"为"志"，改"列传"为"传"，改"本纪"为"纪"，无"世家"。全书包括纪12篇，表8篇，志10篇，传70篇，共100篇，记载了上自西汉汉高帝元年（公元前206年），下至新朝地皇四年（公元23年），共230年的历史。

《汉书》语言工整，多用排偶，遣词造句典雅远奥，与《史记》平畅的口语化文字形成鲜明的对照。中国记史方式自《汉书》以后，都仿照其体例。

人之至亲，莫亲于父子。

——（汉）班固《汉书·高帝纪》

【注解】

（1）至：最。

（2）莫：没有。

（3）于：比。

【翻译】

人最亲近的关系，没有超过父母与子女的关系。

【链接】

《汉书》的体例

一、纪

"纪"有12篇，是从汉高帝至平帝的编年大事记。

虽然写法与《史记》略同，但是不称本纪，如《高帝纪》《武帝纪》《平帝纪》等。因为《汉书》始记汉高祖立国元年，所以将本在《史记》本纪中的人物（如项羽等）改置入传中。因为东汉不承认王莽的政权，所以将王莽置于传中，贬于传末。

二、表

"表"有8篇，多依《史记》旧表，新增汉武帝以后的沿革。

前6篇包括汉初同姓诸侯的《诸侯王表》、异姓诸王的

《异姓诸侯王表》、汉高祖至汉成帝的《功臣年表》，借记录统治阶层来达到尊汉的目的。后两篇是《汉书》所增，包括《百官公卿表》和《古今人表》。《百官公卿表》详细介绍了秦汉之官制；对《古今人表》，班固以儒家思想为标准，把历史上的著名人物分为四类九等，表列出来，

三、志

"志"有10篇，专记典章制度的兴废治革。

由于《汉书》已用"书"为大题，为免混淆，故改"书"为"志"。

《汉书》的"志"，是在《史记》"书"的基础上加以发展而成的。把《史记》的《礼书》《乐书》合并为《礼乐志》，《律书》《历书》合并为"律历志"。改《天官书》为《天文志》，改《封禅书》为《郊祀志》，改《河渠书》为《沟洫志》，改《平准书》为《食货志》。《汉书》又新增《刑法志》《五行志》《艺文志》《地理志》。

《食货志》详述上古至汉代的经济发展情况。

《沟洫志》记述上古至汉代的水利工程，并说明治理水文的策略。

《五行志》集有关五行灾异之说而编成。

《天文志》保存上古至汉哀帝元寿年间大量有关星运、日食、月食等天文资料。

《刑法志》概述上古至西汉时期的刑法，并且点出汉文帝、汉景帝用刑之重，更指出汉武帝进用酷吏而导致的恶果。

《地理志》详述战国时期、秦朝、西汉时期的领土疆域、建置沿革、封建世系、形势风俗、名门望族和帝王的奢靡等。

四、传

"传"有70篇。

依《史记》之法，以公卿将相为列传，亦以时代之顺序为主，先专传，次类传，再次为边疆各族传和外国传，最后以乱臣贼子王莽传居末。

关于传的篇名，除诸侯王传外，一律均以姓或姓名标出题目。《汉书》列传于文学之士的传中，多载其人有关学术、政治的文字，如《贾谊传》载《治安策》，《公孙弘传》载《贤良策》等，这都是《史记》没有收录的。

列传中的类传有《儒林》《循吏》《游侠》《酷吏》等，此外新增《外戚列传》《皇后列传》《宗室列传》，这也是《史记》所没有的。

在四裔方面，有《匈奴》《西南夷两粤朝鲜》《西域》等三传。"列传"最后一篇是《叙传》，述其写作动机、编纂、凡例等。

"列传"以记载西汉一代为主，各篇后均附以"赞"，说明作者对人或事的批评或见解。"赞"仿《史记》篇末"太史公曰"的体例。此外，又仿"太史公自序"之意，作"叙传"，述其写作动机、编纂、凡例等。

积德之家，必无灾殃。

——（汉）陆贾《新语·怀虑》

【翻译】

积德的家庭，一定不会有灾祸。

上和下睦，夫唱妇随。

——（南朝·梁）周兴嗣《千字文》

【注解】

（1）和：和谐，平静，美好。

（2）睦：亲近。

（3）和睦：相处融洽、友好。

（4）上：指长辈

（5）下：指晚辈。

（6）唱："倡"的通假字，有倡导、发起的意思。

（7）夫唱妇随：如果没有原则性的分歧，丈夫倡导的，妻子一定要拥护。这种说法和古代女子三从中的出嫁从夫也有一定的关系。

【翻译】

长辈和晚辈之间要和睦相处，夫妻之间尽量保持意见一致，遇到大事时，丈夫要尽男子汉的义务，挺身而出，当家做主，而妻子尽可享受小女人的妖娆，拥护丈夫的意见。

【链接】

《千字文》

南朝梁武帝时期，员外散骑侍郎周兴嗣奉皇命从王羲之书法中选取 1 000 个字，编纂成文，这就是《千字文》。

《千字文》以儒学理论为纲，穿插诸多常识，用四字韵语写出，很适合儿童诵读，后来就成了中国古代教育史上最早、最成功的启蒙教材，也可以说《千字文》是千余年来最畅销、读者最广泛的读物之一。明清以后，《三字经》《百家姓》《千字文》是几乎家诵人习的所谓"三百千"。过去有打油诗讲私塾："学童三五并排坐，'天地玄黄'喊一年。"这正是真实写照。

《千字文》是四言长诗，首尾连贯，音韵谐美。以"天地玄黄，宇宙洪荒"开头，"谓语助者，焉哉乎也"结尾。全文共 250 句，每 4 字一句，字不重复，句句押韵，前后贯通，全书有条不紊地介绍了天文、自然、修身养性、人伦道德、地理、历史、农耕、祭祀、园艺、饮食起居等各个方面。

《千字文》中的 1 000 个字本来不得重复，但周兴嗣在编纂文章时，却重复了一个"洁"字（洁、絜为同义异体字）。因此，《千字文》实际上只运用了 999 个字。

外受傅训，入奉母仪。诸姑伯叔，犹子比儿。

—— （南朝·梁）周兴嗣《千字文》

【翻译】

在外接受老师的训诲，在家遵从父母的教导。对待姑姑、伯伯、叔叔等长辈，要像是他们的亲生子女一样。

【链接】

《千字文》全文

天地玄黄，宇宙洪荒。日月盈昃，辰宿列张。

寒来暑往，秋收冬藏。闰馀成岁，律吕调阳。

云腾致雨，露结为霜。金生丽水，玉出昆冈。

剑号巨阙，珠称夜光。果珍李奈，菜重芥姜。

海咸河淡，鳞潜羽翔。龙师火帝，鸟官人皇。

始制文字，乃服衣裳。推位让国，有虞陶唐。

吊民伐罪，周发殷汤。坐朝问道，垂拱平章。

爱育黎首，臣伏戎羌。遐迩一体，率宾归王。

鸣凤在竹，白驹食场。化被草木，赖及万方。

盖此身发，四大五常。恭惟鞠养，岂敢毁伤。

女慕贞洁，男效才良。知过必改，得能莫忘。

罔谈彼短，靡恃己长。信使可覆，器欲难量。

墨悲丝染，诗赞羔羊。景行维贤，克念作圣。

德建名立，形端表正。空谷传声，虚堂习听。

祸因恶积，福缘善庆。尺璧非宝，寸阴是竞。

资父事君，曰严与敬。孝当竭力，忠则尽命。

临深履薄，夙兴温凊。似兰斯馨，如松之盛。

川流不息，渊澄取映。容止若思，言辞安定。

笃初诚美，慎终宜令。荣业所基，籍甚无竟。

学优登仕，摄职从政。存以甘棠，去而益咏。

乐殊贵贱，礼别尊卑。上和下睦，夫唱妇随。

外受傅训，入奉母仪。诸姑伯叔，犹子比儿。

孔怀兄弟，同气连枝。交友投分，切磨箴规。

仁慈隐恻，造次弗离。节义廉退，颠沛匪亏。

性静情逸，心动神疲。守真志满，逐物意移。

坚持雅操，好爵自縻。都邑华夏，东西二京。

背邙面洛，浮渭据泾。宫殿盘郁，楼观飞惊。

图写禽兽，画彩仙灵。丙舍旁启，甲帐对楹。

肆筵设席，鼓瑟吹笙。升阶纳陛，弁转疑星。

右通广内，左达承明。既集坟典，亦聚群英。

杜稿钟隶，漆书壁经。府罗将相，路侠槐卿。

户封八县，家给千兵。高冠陪辇，驱毂振缨。

世禄侈富，车驾肥轻。策功茂实，勒碑刻铭。

磻溪伊尹，佐时阿衡。奄宅曲阜，微旦孰营。

桓公匡合，济弱扶倾。绮回汉惠，说感武丁。

俊乂密勿，多士寔宁。晋楚更霸，赵魏困横。

假途灭虢，践土会盟。何遵约法，韩弊烦刑。

起翦颇牧，用军最精。宣威沙漠，驰誉丹青。

九州禹迹，百郡秦并。岳宗泰岱，禅主云亭。

雁门紫塞，鸡田赤城。昆池碣石，钜野洞庭。

旷远绵邈，岩岫杳冥。治本于农，务兹稼穑。

俶载南亩，我艺黍稷。税熟贡新，劝赏黜陟。

孟轲敦素，史鱼秉直。庶几中庸，劳谦谨敕。

聆音察理，鉴貌辨色。贻厥嘉猷，勉其祗植。

省躬讥诫，宠增抗极。殆辱近耻，林皋幸即。

两疏见机，解组谁逼。索居闲处，沉默寂寥。

求古寻论，散虑逍遥。欣奏累遣，戚谢欢招。

渠荷的历，园莽抽条。枇杷晚翠，梧桐早凋。

陈根委翳，落叶飘摇。游鹍独运，凌摩绛霄。

耽读玩市，寓目囊箱。易輶攸畏，属耳垣墙。

具膳餐饭，适口充肠。饱饫烹宰，饥厌糟糠。

亲戚故旧，老少异粮。妾御绩纺，侍巾帷房。

纨扇圆洁，银烛炜煌。昼眠夕寐，蓝笋象床。

弦歌酒宴，接杯举觞。矫手顿足，悦豫且康。

嫡后嗣续，祭祀蒸尝。稽颡再拜，悚惧恐惶。

笺牒简要，顾答审详。骸垢想浴，执热愿凉。

驴骡犊特，骇跃超骧。诛斩贼盗，捕获叛亡。

布射辽丸，嵇琴阮啸。恬笔伦纸，钧巧任钓。

释纷利俗，竝皆佳妙。毛施淑姿，工颦妍笑。

年矢每催，曦晖朗曜。璇玑悬斡，晦魄环照。

指薪修祜，永绥吉劭。矩步引领，俯仰廊庙。

束带矜庄，徘徊瞻眺。孤陋寡闻，愚蒙等诮。
谓语助者，焉哉乎也。

孔怀兄弟，同气连根。交友投分，切磨箴规。

——（南朝·梁）周兴嗣《千字文》

【注解】

（1）孔怀兄弟：出自《诗经·小雅·常棣》，其中有"死丧之畏，兄弟孔怀"的诗句。"孔"是程度副词，有非常之意。"怀"是关爱、关怀。"孔怀"就是非常关怀、关爱的意思。兄弟之间的关系是血缘关系，亲近无比，是朋友关系不能相比的。因此，后世多用"孔怀"二字，指代兄弟手足之情。

【翻译】

兄弟之间要相互关心，因为同受父母血气，如同树枝相连。结交朋友要意气相投，要能在学习上切磋琢磨，品行上互相告勉。

慈母手中线，游子身上衣。临行密密缝，意恐迟迟归。谁言寸草心，报得三春晖。

——（唐）孟郊《游子吟》

【注解】

（1）寸草：比喻非常微小。

（2）三春晖：三春，指春天的孟春、仲春、季春；晖，阳光。形容母爱如春天和煦的阳光。

【翻译】

慈祥的母亲手里把着针线，

为将远游的孩子赶制新衣。

临行前她将衣服缝得严严实实，

是担心孩子此去难得回归。

谁能说像小草的那点儿孝心，

可报答春晖般的慈母恩惠？

【链接】

孟 郊

孟郊（751—814年），字东野，湖州武康（今浙江德清县）人。唐朝著名诗人。

孟郊一生仕途不得意，46岁才中进士。其诗风格奇崛瘦硬，他又极为韩愈所推重，世称"韩孟"。其诗多写坎坷不偶之情。抑郁愁苦，读之惨戚寡欢，后人称之为"诗囚"。现存诗歌五百多首，以短篇的五言古诗最多，没有一首律诗，代表作是《游子吟》，有《孟东野集》传世。

孟郊逸事

孟郊出身微贱，但读书用功，人才出众，而且不畏权贵。

一年冬天，有一个钦差来到武康县了解民情，县官大摆宴席，为钦差接风。正当县官举杯说"请"，钦差点头应酬的时候，身穿破烂绿色衣衫的孟郊走了进来。县官很不高兴，眼珠一瞪喝道："去去去，来了小叫花子，真扫兴。"

孟郊气愤地顶了一句："家贫人不平，离地三尺有神仙。"

"你个小叫花子，竟然如此狂妄。我出个上联，你若对得出，就在这里吃饭。若是对不出，我就判你个私闯公堂，打断你的狗腿。"钦差大臣阴阳怪气地说。

"请吧。"孟郊一点儿也不害怕。

钦差自恃才高，又见对方是个小孩子，便摇头晃脑地说："小小青蛙穿绿衣。"

孟郊见这位钦差身穿大红蟒袍，又见席桌上有一道烧螃蟹，略一沉思，对道："大大螃蟹着红袍。"

钦差一听，气得浑身像筛糠，但有言在先，又不好发作，便对县官说："给这小子一个偏席，赏他口饭，看我再和他对。"

钦差几杯酒下肚，又神气活现了，他斜了一眼孟郊，阴阳怪气地说："小小猫儿寻食吃。"

孟郊看着满嘴流油的钦差大臣，又看着拍马溜须的县官，心想，你们这帮贪官污吏，欺人太甚，便怒气冲冲地回敬道："大大老鼠偷皇粮。"

钦差、县官一听吓得目瞪口呆，出了一身冷汗，原来他们用的正是救灾的银子。

父不慈，则子不孝；兄不友，则弟不恭；夫不义，则妇不顺也。

—— （北齐）颜之推《颜氏家训·治家》

【翻译】

父亲不慈祥，那么他的儿子肯定不孝顺他；哥哥不友好，他的弟弟就不恭敬他；丈夫不仁义，他的妻子就不会顺从他。

【链接】

《颜氏家训》

《颜氏家训》由北齐颜之推所著，于隋初成书。

《颜氏家训》全书7卷20篇，即《序致》《教子》《兄弟》《后娶》《治家》《风操》《慕贤》《勉学》《文章》《名实》《涉务》《省事》《止足》《诫兵》《养生》《归心》《书证》《音辞》《杂艺》《终制》。《颜氏家训》以传统儒家思想为中心，也注重实学、工农商贾等技能，教育颜氏后辈关于修身、治家、处世、为学等学问，"又兼论字画音训，并考定典故，品弟文艺"。

贫贱之知不可忘，糟糠之妻不下堂。

——（南朝·宋）范晔《后汉书·宋弘传》

【注解】

（1）贫贱之知：贫困时的知心朋友；

（2）糟糠：酒糟和糠麸。

（3）下堂：指妻子被丈夫遗弃或和丈夫离异。

【翻译】

富贵时不要忘记贫贱时的朋友，不要抛弃共同患难的妻子。

【链接】

范 晔

范晔（398—445年），字尉宗，南朝宋顺阳人。南北朝时期著名史学家。范晔早年曾任鼓城王刘义康的参军，后官至尚书吏部郎，宋文帝元嘉元年（公元424年）因事触怒刘义康，左迁为宣城郡（郡治在今安徽）太守。后来他又几次升迁，任左卫将军、太子詹事。元嘉二十二年（公元445年），因有人告发他密谋拥立刘义康，于是以谋反的罪名被处以死刑。范晔一生对社会的最大贡献是撰写了《后汉书》。范晔以《东观汉记》为蓝本，对其他各家撰著博采众长，斟酌取舍，并自定体例，订伪考异，删繁补略，写成《后汉书》。由于他的《后汉书》文约事详，逐渐取代了前人的著作。

《后汉书》

《后汉书》由我国南朝刘宋时期的历史学家范晔编撰，是一部记载东汉历史的纪传体史书，"二十四史"之一。《后汉书》是继《史记》《汉书》之后又一部由私人撰写的重要史籍，与《史记》《汉书》《三国志》并称为"前四史"。本书分十纪、八十列传和八志（司马彪续作），主要记述了上起汉光武帝建武元年（25年），下至汉献帝建安二十五年（公元220年），共195年的史事。

《后汉书》大部分沿袭《史记》《汉书》的现成体例，但在成书过程中，范晔根据东汉一代历史的具体特点，则又有所创新，有所变动。其一，他在帝纪之后添置了皇后纪。东汉从和帝开始，连续有6个太后临朝，把她们的活动写成纪的形式，既名正言顺，又能准确地反映这一时期的政治特点。其二，《后汉书》新增加了《党锢传》《宦者传》《文苑传》《独行传》《方术传》《逸民传》

《列女传》7个类传。为列女立传，最早始于西汉的刘向，范晔在刘向的启发下增写了《列女传》，他是第一位在纪传体史书中专为妇女作传的史学家。范晔写《列女传》的宗旨是："搜次才行尤高秀者，不必专在一操而已。"在范晔的《列女传》中，有择夫重品行而轻富贵的桓少君、博学的班昭、断机劝夫求学的乐羊子妻、著名才女蔡琰等，一共17位杰出女性，其选择标准不拘于三纲五常的界域。

独在异乡为异客，每逢佳节倍思亲。

—— （唐）王维《九月九日忆山东兄弟》

【注解】

（1）异乡：他乡。

（2）佳节：美好的节日。

（3）倍：加倍，更加。

【翻译】

我在异乡做客人的时候，每遇到佳节良辰时总会思念起家乡。

亲亲而尊尊，生者养而死者藏。

—— （唐）韩愈《送浮屠文畅师序》

【注解】

（1）亲：第一个"亲"是亲近、爱护的意思，第二个"亲"指亲人。

（2）尊：第一个"尊"是尊敬的意思，第二个"尊"指长者、尊者。

（3）藏：埋葬。

【翻译】

爱护亲人，尊敬长者、尊者，使活着的人得以抚养，死去的人得到安葬。

【链接】

韩 愈

韩愈（768—824年），字退之，出生于河南河阳（今河南孟州），祖籍郡望昌黎郡（今河北省昌黎县）。自称昌黎韩愈，世称韩昌黎。晚年任吏部侍郎，又称韩吏部。卒谥文，世称韩文公。唐代文学家，为"唐宋八大家"之首，与柳宗元同是当时古文运动的倡导者。著作有《昌黎先生集》。

韩愈长于诗文，力斥当时的骈文，提倡古文，与柳宗元并称"韩柳"。其文章以排斥佛老，阐明儒家之道为宗旨，长于议论，《师说》《送董邵南序》《原性》《原道》《谏迎佛骨表》《进学解》《送穷文》等广为流传。其诗有论者以为可以列李白、杜甫之后，居全唐第三。韩诗以文为诗，以论为诗，求新求奇，有气势，对纠正当时的诗风起到了一定作用，对宋诗产生了较大影响，代表作有《南山诗》《调张籍》《听颖师弹琴》《左迁至蓝关示侄孙湘》《早春呈水部张十八员外》《春雪》《晚春》等。

但愿人长久，千里共婵娟。

——（宋）苏轼《水调歌头·明月几时有》

（1）但愿：只希望。

（2）婵娟：指月亮。

【翻译】

只希望人们能够永远健康平安，即使相隔千里也能在中秋之夜共同欣赏天上的明月。这是对远方亲人的怀念，也是一种祝福。

【链接】

《水调歌头·明月几时有》

本词是中秋望月怀人之作，表达了苏轼对弟弟苏辙的无限怀念。词前小序说："丙辰中秋，欢饮达旦，大醉，作此篇，兼怀子曲。"丙辰，是北宋神宗熙宁九年（公元1076年）。当时苏轼在密州（今山东诸城）做太守，中秋之夜他一边赏月一边饮酒，直到天亮，于是作了这首《水调歌头》。

原文：

明月几时有？把酒问青天。不知天上宫阙，今夕是何年。我欲乘风归去，又恐琼楼玉宇，高处不胜寒。起舞弄清影，何似在人间！

转朱阁，低绮户，照无眠。不应有恨，何事长向别时圆？人有悲欢离合，月有阴晴圆缺，此事古难全。但愿人长久，千里共婵娟。

翻译：

明月什么时候出现的？我端着酒杯问青天。不知道天上的神仙宫阙里，现在是什么年代了。我想乘着风回到天上，只怕玉石砌成的美丽月宫，在高空中经受不住寒冷（传说月中宫殿叫广寒宫）。在浮想中，对月起舞，清影随人，仿佛乘云御风，置身天上，哪里像是在人间！

月光从朱红色楼阁的一面转到另一面，低低地洒在窗户上，照着不眠之人。明月不该有什么怨恨，却为何总在亲人离别时候才圆？人有悲欢离合的变迁，月有阴晴圆缺的转换，这种事自古以来难以周全。但愿离别之人能平安康健，远隔千里也共享月色的明媚皎然。

慈孝之心，人皆有之。

—— （宋）苏辙《古今家诫叙》

【注解】

（1）慈：慈爱，孝顺。

【翻译】

爱护晚辈，孝敬长辈，这是人人都有的本性。

刻薄成家，理无久享；伦常乖舛，立见消亡。

—— （明）朱伯庐《朱子家训》

【注解】

（1）成家：发家。

（2）伦常：伦理常规。

（3）乖：违背。

（4）舛：违背，错乱。

【翻译】

对人刻薄而发家的，绝没有长久享受的道理；行事违背伦常的人，很快就会消亡。

【链接】

朱伯庐

朱伯庐（1627—1698年），名用纯，字致一，自号柏庐，江苏昆山（今属江苏）人。清初学者。

朱伯庐自幼读书，曾考取秀才。清军入关后，大明灭亡，朱伯庐不再求取功名，而是在家授徒，潜心研究程朱理学，主张知行并进，一时颇负盛名。清帝康熙曾多次征召，他坚辞不应。朱伯庐著有《四书讲义》、《劝言》《删补易经蒙引》《耻耕堂诗文集》《大学中庸讲义》和《愧纳集》。其《治家格言》，世称《朱子家训》，流传很广。

《朱子家训》全文

《朱子家训》又名《朱子治家格言》《朱柏庐治家格言》，是以家庭道德为主的启蒙教材。全文仅五百余字，精辟地阐明了修身治家之道，是一篇家教名著。其中，许多内容继承了中国传统文化的优秀特点，比如尊敬师长、勤俭持家、邻里和睦等，在今天仍然有现实意义。全文如下：

黎明即起，洒扫庭除；要内外整洁，既昏便息，关锁门户，必亲自检点。

一粥一饭，当思来处不易；半丝半缕，恒念物力维艰。

宜未雨而绸缪，毋临渴而掘井。

自奉必须俭约，宴客切勿流连。

器具质而洁，瓦缶胜金玉；饮食约而精，园蔬愈珍馐。

勿营华屋，勿谋良田。

三姑六婆，实淫盗之媒；婢美妾娇，非闺房之福。

童仆勿用俊美，妻妾切忌艳妆。

宗祖虽远，祭祀不可不诚；子孙虽愚，经书不可不读。

居身务期质朴，教子要有义方。

勿贪意外之财，勿饮过量之酒。

与肩挑贸易，毋占便宜；见穷苦亲邻，须加温恤。

刻薄成家，理无久享；伦常乖舛，立见消亡。

兄弟叔侄，须分多润寡；长幼内外，宜法肃辞严。

听妇言，乖骨肉，岂是丈夫；重资财，薄父母，不成人子。

嫁女择佳婿，毋索重聘；娶媳求淑女，勿计厚奁。

见富贵而生谄容者，最可耻；遇贫穷而作骄态者，贱莫甚。

居家戒争讼，讼则终凶；处世戒多言，言多必失。

勿恃势力而凌逼孤寡；毋贪口腹而恣杀生禽。

乖僻自是，悔误必多；颓惰自甘，家道难成。

狎昵恶少，久必受其累；屈志老成，急则可相依。

轻听发言，安知非人之谮诉，当忍耐三思；因事相争，焉知非我之不是，须平心暗想。

施惠无念，受恩莫忘。

凡事当留余地，得意不宜再往。

人有喜庆，不可生妒忌心；人有祸患，不可生喜幸心。

善欲人见，不是真善，恶恐人知，便是大恶。

见色而起淫心，报在妻女；匿怨而用暗箭，祸延子孙。

家门和顺，虽饔飧不济，亦有余欢；国课早完，即囊橐无余，自得至乐。

读书志在圣贤，非徒科第；为官心存君国，岂计身家。

守分安命，顺时听天。为人若此，庶乎近焉。

黎明即起，洒扫庭除，要内外整洁；既昏便息，关锁门户，必亲自检点。

翻译：

每天早晨黎明就要起床，先用水来洒湿庭堂内外的地面，然后扫地，使庭堂内外整洁；到了黄昏便要休息，并亲自查看一下要关锁的门户。

一粥一饭，当思来处不易；半丝半缕，恒念物力维艰。

翻译：

对于一碗粥或一顿饭，我们应当想着来之不易；对于衣服的半根丝或半条线，我们也要常念着这些物资的生产是很艰难的。

宜未雨而绸缪，毋临渴而掘井。

翻译：

凡事先要准备，像没到下雨的时候，要先把房子修补完善，不要"临时抱佛脚"，像到了口渴的时候，才来掘井。

自奉必须俭约，宴客切勿流连。

翻译：

自己生活上必须节约，聚会在一起吃饭切勿流连忘返。

器具质而洁，瓦缶胜金玉；饮食约而精，园蔬愈珍馐。

翻译：

餐具质朴而干净，虽是用泥土做的瓦器，也比金玉制的要好；食品节约而精美，虽是园里种的蔬菜，也胜于山珍海味。

勿营华屋，勿谋良田。

翻译：

不要营造华丽的房屋，不要图买良好的田园。

三姑六婆，实淫盗之媒；婢美妾娇，非闺房之福。

翻译：

社会上不正派的女人，都是淫荡和盗窃的媒介；美丽的婢女和娇艳的姬妾，不是家庭的幸福。

童仆勿用俊美，妻妾切忌艳装。

翻译：

家童、奴仆，不可雇用英俊美貌的，妻、妾切不可有艳丽的妆饰。

祖宗虽远，祭祀不可不诚；子孙虽愚，经书不可不读。

翻译：

祖宗虽然离我们年代久远了，祭祀却仍要虔诚；子孙即使愚笨，教育也是不容怠慢的。

居身务期质朴，教子要有义方。

翻译：

自己生活节俭，以做人的正道来教育子孙。

勿贪意外之财，勿饮过量之酒。

翻译：

不要贪不属于你的钱财，不要喝过量的酒。

与肩挑贸易，毋占便宜；见贫苦亲邻，须加温恤。

翻译：

和做小生意的挑贩们交易，不要占他们的便宜，看到穷苦的亲戚或邻居，要关心他们，并且要对他们有金钱或其他的援助。

刻薄成家，理无久享；伦常乖舛，立见消亡。

翻译：

对人刻薄而发家的，绝没有长久享受的道理；行事违背伦常的人，很快就会消亡。

兄弟叔侄，需分多润寡；长幼内外，宜法肃辞严。

翻译：

兄弟叔侄之间要互相帮助，富有的要资助贫穷的；一个家庭要有严正的规矩，长辈对晚辈的言辞应庄重。

听妇言，乖骨肉，岂是丈夫？重资财，薄父母，不成人子。

翻译：

听信妇人挑拨，而伤了骨肉之情，哪里配做一个大丈夫呢？看重钱财，而薄待父母，不是为人子女的道理。

嫁女择佳婿，毋索重聘；娶媳求淑女，勿计厚奁。

翻译：

嫁女儿，要为她选择贤良的夫婿，不要索取贵重的聘礼；娶媳妇儿，要求贤淑的女子，不要贪图丰厚的嫁妆。

见富贵而生谄容者最可耻，遇贫穷而作骄态者贱莫甚。

翻译：

看到富贵的人，便做出巴结讨好的样子，是最可耻的，遇着贫穷的人，便表现出骄傲的态度，是最鄙贱的。

居家戒争讼，讼则终凶；处世戒多言，言多必失。

翻译：

居家过日子，禁止争斗诉讼，一旦争斗诉讼，无论胜败，结果都不吉祥；处世不可多说话，言多必失。

勿恃势力而凌逼孤寡，勿贪口腹而恣杀生禽。

翻译：

不可用势力来欺凌、压迫孤儿寡妇，不要贪口腹之欲而任意地宰杀牛羊鸡鸭等动物。

乖僻自是，悔误必多；颓惰自甘，家道难成。

翻译：

性格古怪、自以为是的人，必会因常常做错事而懊悔；颓废懒惰，沉溺不悟，是难以成家立业的。

狎昵恶少，久必受其累；屈志老成，急则可相依。

翻译：

亲近不良的少年，日子久了，必然会受牵累；恭敬、自谦，虚心地与那些阅历多而善于做事的人交往，遇到急难的时候，就可以受到他的指导或帮助。

轻听发言，安知非人之谮诉？当忍耐三思；因事相争，焉知非我之不是？需平心暗想。

翻译：

他人说长道短，不可轻信，因为怎知道他不是来说人坏话呢？要再三思考。为事相争，怎知道不是我的过错？要冷静反省自己。

施惠无念，受恩莫忘。

翻译：

对人施了恩惠，不要记在心里，受了他人的恩惠，一定要常记在心。

凡事当留余地，得意不宜再往。

翻译：

无论做什么事，当留有余地，得意以后，就要知足，不应该再进一步。

人有喜庆，不可生妒忌心；人有祸患，不可生喜幸心。

翻译：

他人有了喜庆的事情，不可有妒忌之心；他人有了祸患，不可有幸灾乐祸之心。

善欲人见，不是真善；恶恐人知，便是大恶。

翻译：

做了好事，而想他人看见，就不是真正的善人；做了坏事，而怕他人知道，就是真的恶人。

见色而起淫心，报在妻女；匿怨而用暗箭，祸延子孙。

翻译：

看到美貌的女性而起邪心的，将来报应，会在自己的妻子儿女身上；心怀怨恨而暗中伤害人的，将会给自己的子孙留下祸根。

家门和顺，虽饔飧不继，亦有余欢；国课早完，即囊橐无余，自得至乐。

翻译：

家里和气平安，虽缺衣少食，也觉得快乐；尽快缴完赋税，即使口袋所剩无余也自得其乐。

读书志在圣贤，非徒科第；为官心存君国，岂计身家？

翻译：

读圣贤书，目的在于学圣贤的行为，不仅仅是为了科举及第；做一个官吏，要有忠君爱国的思想，怎么可以考虑自己和家人的享受？

守分安命，顺时听天。

翻译：

我们守住本分，努力工作和生活，上天自有安排。

为人若此，庶乎近焉。

翻译：

如果能够这样做人，那就差不多和圣贤做人的道理相符合了。

千经万典，孝悌为先。

——《增广贤文》

【翻译】

千万种经典讲的道理，孝顺父母、友爱兄弟是最应该先做到的。

【链接】

《增广贤文》

《增广贤文》是中国古代儿童启蒙读物，又名《增广昔时贤文》《古今贤文》。

书名最早见于明代万历年间的戏曲《牡丹亭》，由此可推知此书最迟写成于万历年间。后来，经过明、清两代文人的不断增补，才改成现在这个样子，称《增广昔时贤文》，通称《增广贤文》。作者一直未见任何记载，很可能是民间创作的结晶。

《增广贤文》以有韵的谚语和文献佳句选编而成，其内容十分广泛，从礼仪道德、典章制度到风物典故、天文地理，几乎无所不含，而又语句通顺、易懂。《增广贤文》的内容大致有四个方面：一是谈人和人际关系；二是谈命运；三是谈如何处世；四是表达对读书的看法。

羊有跪乳之恩，鸦有反哺之义。

——《增广贤文》

【翻译】

羊羔有跪下接受母乳的感恩举动，小乌鸦有衔食喂母鸦的情义，做子女的更要懂得孝顺父母。

【链接】

《增广贤文》选粹

知己知彼，将心比心。

酒逢知己饮，诗向会人吟。

读书须用意，一字值千金。

逢人且说三分话，未可全抛一片心。

有意栽花花不发，无心插柳柳成荫。

画龙画虎难画骨，知人知面不知心。

钱财如粪土，仁义值千金。

路遥知马力，日久见人心。

美不美，故乡水；亲不亲，故乡人。

谁人背后无人说，哪个人前不说人？

长江后浪推前浪，世上新人赶旧人。

近水楼台先得月，向阳花木早逢春。

一年之计在于春，一日之计在于晨。

一家之计在于和，一生之计在于勤。

责人之心责己，恕己之心恕人。

远水难救近火，远亲不如近邻。

有田不耕仓廪虚，有书不读子孙愚。

知足常足，终身不辱；知止常止，终身不耻。

交际

有朋自远方来，不亦乐乎？

—— （先秦）《论语·学而》

【注解】

（1）自：从。

（2）亦：也。

【翻译】

有志同道合的朋友从远方来，不也很喜悦、高兴吗？现在这句话经常被用以对远道而来（有知识、有文化的人）的朋友表示欢迎，也表示老朋友见面很开心。

与朋友交，言而有信。

—— （先秦）《论语·学而》

【翻译】

同朋友交往，说话要诚实，恪守信用。

益者三友，损者三友。友直，友谅，友多闻，益矣；友便辟，友善柔，友便佞，损矣。

—— （先秦）《论语·季氏》

【注解】

（1）友直：指正直的朋友

（2）友谅：指宽容、快乐的朋友

（3）友多闻：指见多识广的朋友

（4）便辟：脾气暴躁

（5）善柔：优柔寡断

（6）便佞：谄媚逢迎。

【翻译】

有益的朋友有三种，有害的朋友有三种。结交正直的朋友、诚信的朋友、知识广博的朋友，是对人有益的；结交脾气暴躁的人，结交一直顺从你的意思的人，结交谄媚逢迎的人，是对人有害的。

君子之交淡若水，小人之交甘若醴。

—— （先秦）《庄子·山木》

【注解】

（1）醴：甜酒。

【翻译】

君子之间的交情像水一样清淡，小人之间的交往只是基于酒肉的交情。

相视而笑，莫逆于心，遂相与为友。

—— （先秦）《庄子·大宗师》

【注解】

（1）莫逆：没有抵触，感情融洽。

（2）遂：于是。

（3）相与：共同。

（4）为：成为。

【翻译】

彼此相看而笑，内心没有抵触，感情融洽，于是共同成为朋友。

泉涸，鱼相与处于陆，相呴以湿，相濡以沫。

—— （先秦）《庄子·大宗师》

【注解】

（1）呴：呼出。

（2）湿：湿润。

（3）濡：沾湿。

【翻译】

泉水干了，两条鱼一同被搁浅在陆地上，互相呼气、互相吐沫，润湿对方。比喻在困境中相互救助。

同事之人，不可不审察也。

——（先秦）《韩非子·说林上》

【翻译】

对和自己共同做事的人，不可不进行详细的考察。

【链接】

韩　　非

韩非（约前281—前233年），又称韩非子，生活于战国末期，是中国古代著名法家思想的代表人物。

韩非与李斯学于儒家大师荀子，后因其学识渊博，被秦王政召唤入秦，正欲重用，不久惨遭其旧年同窗李斯害死。韩非死后，各国国君与大臣竞相研究其著作《韩非子》，秦王政在他的思想指引下，完成统一六国的帝业。

韩非总结法家三位代表人物商鞅、申不害、慎到的思想，主张君王应该用法、术、势三者结合起来治理国家，此为法家之博采众长之集大成者。

《韩非子》

《韩非子》又称《韩子》，是中国先秦时期法家代表思想家人物韩非的论著，是先秦法家集大成的思想作品，内容充满批判精神。本书汲取先秦诸子多派的观点，也是中国历史上第一部对《道德经》加以注释的著作。

《韩非子》表现出韩非极为重视唯物主义与功利主义的思想，本书积极倡导君主专制主义。《史记》中记载：秦王见《孤愤》《五蠹》之书，曰："嗟乎，寡人得见此人与之游，死不恨矣！"可见当时秦王的重视。《韩非子》也是间接补充史书对中国先秦时期史料不足的参考来源之一，著作中许多当代民间传说和寓言故事也成为成语典故的出处。

《韩非子》共20卷，分为55篇，总字数达十多万言。在体裁上，有论说体、辩难体、问答体、经传体、故事体、解注体、上书体等7种。辩难体与经传体为韩非子首创。在内容方面，则论"法""术""势""君道"等，条理清楚，寓意深刻。

观其交游，则其贤、不肖可察也。

—— （先秦）《管子·权修》

【注解】

(1) 其：他。

(2) 交游：所交往的人。

(3) 不肖：不贤。

【翻译】

观察他所交往的人，就可以观察到他到底是贤与不贤了。

【链接】

《管子》

《管子》是战国时各学派的言论汇编，内容庞杂，包括法家、儒家、道家、阴阳家、名家、兵家和农家的观点。《管子》以中国春秋时代政治家、哲学家管仲命名，其中也记载了管仲死后的事情，并非管仲所著，但仍被认为可以体现管仲的主要思想。《管子》中的文章大概出自深受管仲影响的稷下学派之手，汉朝学者刘向对《管子》进行了编辑。

《管子》一书共86篇，其中有10篇文已佚。《管子》全书16万字，内容可分八类，即《经言》9篇，《外言》8篇，《内言》7篇，《短语》17篇，《区言》5篇，《杂篇》

10篇,《管子解》4篇,《管子轻重》16篇。

士为知己者死，女为悦己者容。

——（汉）刘向《战国策·赵策一》

【注解】

（1）知己者：了解自己、信任自己的人。

（2）悦己者：欣赏自己、喜欢自己的人。

（3）容：修饰、打扮。

【翻译】

男人愿意为赏识自己、了解自己的人献身，女人愿意为欣赏自己、喜欢自己的人精心打扮。

【链接】

刘 向

刘向（前77—前6年），字子政，原名更生，汉朝宗室，沛县人。西汉经学家、目录学家、文学家。

汉宣帝时，刘向为谏大夫。汉元帝时，任宗正，因反对宦官弘恭、石显而下狱，没多久就被释放，后又因反对恭、显而下狱，被免为庶人。汉成帝即位后，得进用，任光禄大夫，改名为"向"，官至中垒校尉。曾奉命领校秘书，所撰《别录》，是我国目录学之祖。刘向著有《别录》《新序》《说苑》《列女传》《洪范五行》等书，并且编订了《战国策》《楚辞》。刘向曾官至中垒校尉，故世称刘中垒。明人张溥辑有《刘中垒集》，收入《汉魏六朝百三家集》中。又有赋33篇，今仅存《九叹》一篇。

豫让为知己者死

豫让（生卒年不详），姬姓，毕氏。春秋末期晋卿智瑶的家臣，是我国古代著名的"士为知己者死"的刺客。晋出公二十二年（公元前453年），赵、韩、魏共灭知氏（亦称"智氏"）。豫让用漆涂身，吞炭使哑，暗伏桥下，谋刺赵襄子未遂，后为赵襄子所捕。临死时，求得赵襄子衣服，拔剑击斩其衣，以示为主复仇，然后伏剑自杀。其事迹如下：

晋毕阳之孙豫让，始事范中行氏而不说，去而就知伯，知伯宠之。及三晋分知氏，赵襄子最怨知伯，而将其头以为饮器。豫让遁逃山中，曰："嗟乎！士为知己者死，女为悦己者容。吾其报知氏之仇矣。"乃变姓名，为刑人，入宫涂厕，欲以刺襄子。襄子如厕，心动，执问涂者，则豫让也。刃其曰："欲为知伯报仇！"左右欲杀之。赵襄子曰："彼义士也，吾谨避之耳。且知伯已死，无后，而其臣至为报仇，此天下之贤人也。"卒释之。豫让又漆身为厉，灭须去眉，自刑以变其容，为乞人而往乞，其妻不识，曰："状貌不似吾夫，其音何类吾夫之甚也。"又吞炭为哑，变其音。其友谓之曰："子之道甚难而无功，谓子有志，则然矣，谓子知，则否。以子之才，而善事襄子，襄子必近幸子；子之得近而行所欲，此甚易而功必成。"豫让乃笑而应之曰："是为先知报后知，为故君贼新君，大乱君臣之义者无此矣。凡吾所谓为此者，以明君臣之义，非从易也。且夫委质而事人，而求弑之，是怀二心以事君也。吾所为难，亦将以愧天下后世人臣怀二心者。"居顷之，襄子当出，豫让伏所当过桥下。襄子至桥而马惊。襄子曰："此必豫让也。"使人问之，果豫让。于是赵襄子面数豫让曰："子不尝事范中行氏乎？知伯灭范中行氏，而子不为报仇，反委质事知伯。知伯已死，子独何为报仇之深也？"豫让曰："臣事范中行氏，范中行氏以众人遇臣，臣故众人报之；知伯以国士遇臣，臣故国士报之。"襄子乃喟然叹泣曰："嗟乎，豫子！豫子之为知伯，名既成矣，寡人舍子，亦以足矣。子自为计，寡人不舍子。"使兵环之。豫让曰："臣闻明主不掩人之义，忠臣不爱死以成名。君前已宽舍臣，天下莫不称君之贤。今日之事，臣故伏诛，然愿请君之衣而击之，虽死不恨。非所望也，敢布腹心。"于是襄子义之，乃使使者持衣与豫让。豫让拔剑三跃，呼天击之曰："而可以报知伯矣。"遂伏剑而死。死之日，赵国之士闻之，皆为涕泣。

——引自《战国策·赵策一》

翻译：

最初，晋国侠客毕阳的孙子豫让给范中行氏做大臣，但并未受到重用，于是他就投效知伯，得到宠信。

后来韩、赵、魏三国瓜分了知伯的土地。其中赵襄子最痛恨知伯，把知伯的头盖骨拿来作为饮器。这时豫让逃到山里说："唉！志士为了解自己的人而牺牲，女子为喜欢自己的人而打扮，所以我一定要替知伯复仇。"于是豫让隐姓埋名，化装成一个受过刑的人，潜伏到王宫里，用洗刷厕所作掩护，以便趁机杀死知伯的仇人赵襄子。不久赵襄子如厕，忽然觉得心跳，就下令把洗刷厕所的人提来审问，才知道是豫让化装行刺。这时豫让竟拿出匕首说："我要为知伯报仇！"卫士拿下他，要杀他，可是赵襄子却制止说："这是一位义士，我只要小心躲开他就行了。因为知伯死后没留下子孙，他的臣子中有肯来为他报仇的，一定是天下有气节的贤人。"

赵襄子把豫让释放了，可是豫让继续图谋为知伯报仇。他全身涂漆，化装成像一个生癞的人。又剃光了胡须和眉毛，把自己彻底毁容，然后假扮乞丐乞讨，连他的妻子都不认识他，看到他以后只是说："这个人并不像我的丈夫，可是声音却极像，这是怎么回事？"

豫让就吞下炭，目的是改变自己的声音，他的朋友看到他时对他说："你这种办法很难成功，如果说你是一个志士还可以，如果说你是一个明智之士就错了。因为凭你这种才干，如果竭尽忠诚去侍奉赵襄子，那他必然重视你和信赖你，待你得到他的信赖以后，你再实现你的复仇计划，那你一定能成功的。"

豫让听了这话笑了笑说："你的意思是为了老朋友而去打新朋友，为旧君主而去杀新君主，这是极端败坏君臣大义的做法。今天我之所以要这样做，就是为了阐明君臣大义，并不在于是否顺利报仇。况且已经委身做了人家的臣子，却又在暗中阴谋计划刺杀人家，这就等于是对君主有二心。我今天之所以明知其不可为却要这样做，也就是为了羞辱后世怀有二心的人臣。"

不久，赵襄子要外出巡视，豫让埋伏在赵襄子所必经的桥下。赵襄子骑马走在桥边时，马忽然惊跳起来，赵襄子说："这一定又是豫让。"

派人搜捕之后，果然是豫让。因此，赵襄子就责备豫让："你不是曾经待奉过范中行氏吗？知伯灭了范中行氏，你不但不替范中行氏报仇，反而屈节忍辱去臣事知伯。如今知伯身死国亡已经很久，你为什么如此替他报仇呢？"

豫让回答："当我待奉范中行氏时，他们只把我当作普通的人看待，所以我也就用普通人的态度报答他们；知伯把我当作国士看待，所以我也就用国士的态度报答知伯。"

赵襄子用怜惜的口吻感叹说："唉！豫让啊，由于你为知伯报仇，已经使你成为忠臣义士了。而寡人对待你，也算是仁至义尽。你自己想一想吧，寡人不能再释放你了！"于是赵襄子就下令卫士把豫让包围起来。

这时豫让又对赵襄子说："据我所知，一个贤臣不阻挡人家的忠义之行，一个忠臣为了完成志节不爱惜自己的生命。君王以前已经宽恕过我一次，天下没有不为这件事赞扬君王的。今天我到这里行刺，按理您应在这里将我处死。不过我想得到君王的王袍，准许我在这里刺它几下，我即使死了也没有遗憾了。不知君王能否成全我的愿望？"

赵襄子为了成全豫让的志节，就当场脱下自己的王袍，由侍臣交给豫让。豫让接过王袍以后，拔出佩剑，奋而起身，然后用剑刺王袍，仰天长叹："啊！天哪！我豫让总算为知伯报了仇！"豫让说完话就自杀而死。

赵国的忠义之士听说以后，都落泪了，惋惜不已。

以财交者，财尽而交绝；以色交者，华落而爱渝。

——（汉）刘向《战国策·楚策一》

【注解】

（1）交：结交。

（2）绝：断绝。

（3）华：美色。

（4）渝：改变。

【翻译】

用钱财与别人结交，钱财花完了，交情也就断绝了；

用美色与别人结交，美色衰退了，爱情也就改变了。

礼尚往来。往而不来，非礼也；来而不往，亦非礼也。

——（汉）戴圣《礼记·曲礼上》

【注解】

（1）尚：注重，指礼节上应该有来有往，现也指以同样的态度或做法回答对方。

【翻译】

礼仪注重你来我往。我对你有礼，你却不对我有礼，这不符合礼仪的规范；你对我礼仪有加，我却没对你有礼，这也是不符合礼仪规范的。

【链接】

《礼记》

《礼记》是中国古代一部重要的典章制度书籍。《礼记》的内容主要是记载和论述先秦的礼制、礼仪，解释仪礼，记录孔子和弟子等的问答，记述修身做人的准则。实际上，这部九万字左右的著作内容广博，门类杂多，涉及政治、法律、道德、哲学、历史、祭祀、文艺、日常生活、历法、地理等诸多方面，几乎包罗万象，集中体现了先秦儒家的政治、哲学和伦理思想，是研究先秦社会的重要资料。《礼记》与《周礼》《仪礼》合称"三礼",对中国文化产生过深远的影响,各个时代的人都从中寻找思想资源。《礼记》不仅是一部描写规章制度的书,而且是一部关于仁义道德的教科书。其中最有名的篇章,包括《大学》《中庸》《礼运》(首段)等。《礼运》首段是孔子与子游的对话,又称为《礼运·大同》篇,"大同"二字常用做理想境界的代名词。

一生一死,乃知交情;一贫一富,乃知交态;一贵一贱,交情乃见。

—— (汉) 司马迁《史记·汲郑列传赞》

【翻译】

一对好朋友,一个面临生死困境时,另一个生活稳定平安,生活好的对差的朋友的态度体现出两人的交情;一个有钱,一个是穷光蛋,两个人的交往看出两人对待朋友的态度;一个身份高贵,一个身份低贱,两人的交往看出两人是否有友谊。

【链接】

《史记》

《史记》是西汉时期的历史学家司马迁编写的一本历

史著作。《史记》是中国古代最著名的古典典籍之一，与后来的《汉书》《后汉书》《三国志》合称"前四史"。

《史记》最初无固定书名，或称《太史公书》，或称《太史公记》《太史公传》，也省称《太史记》《太史公》。"史记"本来是古代史书的通称，从三国时期开始，"史记"由史书的通称逐渐成为《太史公书》的专称。

《史记》记载了上至中国上古传说中的黄帝时代，下至汉武帝元狩元年（公元前122年），共三千多年的历史。全书包括十二本纪、三十世家、七十列传、十表、八书，共130篇，52.65万字。作者司马迁以其"究天人之际，通古今之变，成一家之言"的史识，使《史记》成为中国第一部，也是最出名的纪传体通史。

《史记》对后世史学和文学的发展都产生了深远影响。其首创的纪传体编史方法为后来历代"正史"所传承。《史记》还被认为是一部优秀的文学著作，在中国文学史上有重要地位。鲁迅称其为"史家之绝唱，无韵之离骚"。

有白头如新，倾盖如故。

—— （汉）班固《汉书·邹阳传》

【注解】

（1）白头：头发白了。

（2）新：新交。

（3）倾盖：停车交盖，两盖稍微倾斜，比喻偶然结识的新朋友。

【翻译】

有的人从刚结识直到头发白了，还和新认识一样互不了解；有的虽然偶尔认识，但一交谈，就像一见如故的老朋友，非常知心。

上交不谄，下交不骄，则可以有为矣。

—— （汉）扬雄《法言·修身》

【翻译】

与比自己地位高的人交往不谄媚，与比自己地位低的人交往不骄傲，这就可以有所作为了。

【链接】

扬　雄

扬雄（前53—18年），字子云，西汉蜀郡成都（今属四川）人。西汉官吏、著名学者，著有《太玄》《法言》《方言》《训纂篇》。

扬雄本姓杨，由于他喜欢标新立异，易姓为扬。

扬雄早期以辞赋闻名，曾模仿司马相如的《子虚赋》《上林赋》，作《甘泉赋》《羽猎赋》《长杨赋》，为已处于崩溃前夕的汉王朝粉饰太平、歌功颂德，所以后世有"扬马"之称。晚年时扬雄对辞赋的看法有所转变。他评论辞赋创作是欲讽反劝，认为作赋乃是"童子雕虫篆刻""壮夫不为"。他提出"诗人之赋丽以则，辞人之赋丽以淫"的看法，把楚辞和汉赋的优劣得失区别开来。扬雄关于赋的评价，对赋的发展和后世对赋的评价有一定影响，对于后来刘勰、韩愈的文论也很有影响。

扬雄在散文方面有一定成就，并且是一位模仿大师，他曾模拟《易经》作《太玄》，模拟《论语》作《法言》。

在《法言》中，扬雄主张文学应当宗经、征圣，以儒家著作为典范，这对刘勰的《文心雕龙》颇有影响。《法言》刻意模仿《论语》，在文学技巧上继承了先秦诸子的一些优点，语约义丰，对唐代古文家产生过积极影响，如韩愈"所敬者，司马迁、扬雄"（见柳宗元《答韦珩示韩愈相推以文墨事书》）。

久要不可忘，薄终义所尤。

——（三国）曹植《箜篌引》

【翻译】

长久要好的朋友不可忘记，最终淡忘了老朋友的交情是道义不能容许的。

【链接】

曹　植

曹植（192—232 年），字子建，因封陈王且谥号"思"，后世文章中常称"陈思王""陈王"。沛国谯县（今安徽省亳州市）人。曹操第四子，嫡出的第三子，三国时曹魏著名诗人，"才高八斗"（八斗之才）、"七步之才"等词的语源。

曹植的诗歌对后世有很大影响，才华也颇受后世诗人推崇。他与父亲曹操、兄长曹丕并称"三曹"，与其父兄不同的是曹植一生并未担任重要军政职务。

箜篌引

"箜篌"，乐器名，体曲而长，二十三弦。"引"是"引发""引起"的意思。"箜篌引"，就是由听箜篌曲而引发的感慨、感受。在我国历史上，广泛流传的有四首以《箜篌引》命名的诗歌：

一是"白首狂夫"之妻的《箜篌引》。据晋崔豹《古今注·音乐》记载，朝鲜津卒霍里子高一天早起撑船，见一个"白发狂夫"不顾危险，横渡激流。他的妻子追来，拦阻不及，丈夫堕河而死，妻子亦投河自杀。自杀前弹着箜篌唱出几句哀歌。

二是王昌龄的《箜篌引》。王昌龄的《箜篌引》沉潜悲郁，描写了边塞军士的生活经历。

三是李贺的《李凭箜篌引》。李凭是梨园弟子，因善弹箜篌，名噪一时。他的精湛技艺，受到诗人们的热情赞赏。李贺的《李凭箜篌引》想象丰富，着色瑰丽，艺术感染力很强，清人方扶南把它与白居易的《琵琶行》、韩愈的《听颖师弹琴》相提并论。

四是曹植的《箜篌引》。这是一首独具特色的游宴诗，前半部分是宴饮的描写，后半部分是议论。本诗通过歌舞酒宴上乐极悲来的感情变化，深刻地展示了建安时代特有的社会心理。人生短促的苦闷和建立不朽功业的渴望交织成这首诗的主题，表现出"雅好慷慨"的时代风格。全诗如下：

置酒高殿上，亲交从我游。

中厨办丰膳，烹羊宰肥牛。

秦筝何慷慨，齐瑟和且柔。

阳阿奏奇舞，京洛出名讴。

乐饮过三爵，缓带倾庶羞。

主称千金寿，宾奉万年酬。

久要不可忘，薄终义所尤。

谦谦君子德，磬折欲何求。

惊风飘白日，光景驰西流。

盛时不再来，百年忽我道。

生存华屋处，零落归山丘。

先民谁不死，知命复何忧？

注解：

（1）亲交：亲近的友人。

（2）秦筝：筝是弦乐器。古筝五弦，形如筑。秦人蒙恬改为十二弦，变形如瑟。唐以后又改为十三弦。

（3）齐瑟：瑟也是弦乐器，有五十弦、二十五弦、二十三弦、十九弦几种。在齐国临淄这种乐器很普遍。

（4）阳阿：《淮南子·俶真训》注以为人名，梁元帝《纂要》（《太平御览》卷五六九引）以为古艳曲名，这里用来和"京洛"相对，是以为地名。《汉书·外戚传》说赵飞燕微贱时属阳阿公主家，学歌舞。这个阳阿是县名，在今山西省。

（5）京洛：即"洛京"，指洛阳。

（6）缓带：解带，脱去礼服换便服。庶羞：多种美味。

（7）久要：旧的。尤：非。"薄终义所尤"言对朋友始厚而终薄是道义所不许的。以上二句是说交友的正道，也是立身处世的正道。

（8）磬折：弯着身体像磬一般。这是恭敬的样子。君子谦恭虚己非有所求于人。何求：言无所求。

（9）惊风：疾风。

（10）光景：指日、月。

（11）遒：迫近。

（12）先民：过去的人。

人君而无谏臣则失正，士而无教友而失听。

—— （三国）王肃《孔子家语·子路初见》

【注解】

（1）谏：规劝。

（2）失正：偏离正道。

（3）教友：能给予教诲的朋友。

（3）失听：失去听觉。

【翻译】

国君没有能够直言规劝的大臣就会偏离正道，士子没有能给予教诲的朋友就会失去听力。

与善人居，如入芝兰之室，久而不闻其香，即与之化矣。与不善人居，如入鲍鱼之肆，久而不闻其臭，亦与之化。

——（三国）王肃《孔子家语·六本》

【注解】

（1）鲍鱼：咸鱼。

（2）肆：店铺。

【翻译】

和品行优良的人交往，就好像进入了摆满芳香的兰花的房间，久而久之闻不到兰花的香味了，这是因为自己和香味融为一体了。和品行不好的人交往，就像进入了放满臭咸鱼的仓库，久而久之就闻不到咸鱼的臭味了，这也是因为与臭味融为一体了。

君子之交也，以道义合，以志契亲，故淡而成焉；小人之接也，以势利结，以狎慢密，故甘而败焉。

——（晋）葛洪《抱朴子·疾谬》

【注解】

（1）志契：志趣，这里指志趣相投。

（2）狎慢：嬉戏轻慢。

【翻译】

君子交朋友，是因为道义相同而结合，因为志趣相投而亲密，所以尽管恬淡，但是友谊却很牢固；小人交朋友，是因为权势财利而结合，因为嬉戏轻慢而亲密，所以尽管香甜，但是好景却不长久。

【链接】

葛 洪

葛洪（284—363年），字稚川，号抱朴子，人称葛仙翁，丹阳句容（今属江苏）人。东晋医学家、博物学家和制药化学家，炼丹术家，著名的道教人士。他在中国哲学史、医药学史以及科学史上都有很高的地位。

葛洪一生主要从事炼丹和医学，既是一位儒道合一的宗教理论家，又是一位从事炼丹和医疗活动的医学家。葛洪反对"贵远贱今"，强调创新，认为"古书虽多，未必尽善"。

在实际的行医、炼丹活动中，坚持贯彻重视实验的思想，这对于他在医学上的贡献是十分重要的。葛洪阅读大量医书，并注重分析与研究，在行医实践中，总结治疗心得并搜集民间医疗经验，以此为基础，完成了百卷著作《玉函方》。由于卷帙浩繁，难以携带检索，便将其中有关临床常见疾病、急病及其治疗等摘要简编而成《肘后救卒方》3卷，使医者便于携带，以应临床急救检索之需，故此书堪称中医史上第一部临床急救手册。

《抱朴子》

《抱朴子》为东晋时期葛洪所著，分为内、外两篇。《抱朴子》今存"内篇"20篇，主要讲述神仙方药、鬼怪变化、养生延年、禳灾却病，属于道家。

"外篇"包括50篇，主要谈论社会上的各种事情，属于儒家的范畴，也显示了作者先儒后道的思想发展轨迹。

其内容可具体概括为：论人间得失，讥刺世俗，讲治民之法；评世事臧否，主张藏器待时，克己思君；论谏君主任贤能，爱民节欲，独掌权柄；论超俗出世，修身著书等。"外篇"中《钧世》《尚博》《辞义》《文行》等是有关文学理论批评的内容。

以势交者，势倾则绝；以利交者，利穷则散。

——（隋）王通《文中子·礼乐》

【注解】

（1）以：靠。

（2）势：权势。

（3）倾：没有，倒下。

（4）绝：断绝。

（5）散：解散。

【翻译】

靠权势建立起来的交情，权势没了就会断绝；靠利益为目的建立起来的交情，利益不存在了就会自行解散。

海内存知己，天涯若比邻。

——（唐）王勃《送杜少府之任蜀州》

【注解】

（1）海内：全国各地。古人认为陆地的四周都被大海所包围，所以称天下为四海之内。

（2）比邻：近邻。古代五家相连为比邻。

【翻译】

只要四海之中有了解自己的朋友，即使天涯海角也好似亲密近邻。

【链接】

王 勃

王勃（649—676年），字子安，绛州龙门（今山西河津）人。唐代诗人。王勃与杨炯、卢照邻、骆宾王齐名，并称"初唐四杰"，其中王勃是"初唐四杰"之冠。他的诗作"壮而不虚，刚而能润，雕而不碎，按而弥坚"，对转变风气起了很大作用。王勃的诗今存八十多首，赋和序、表、碑、颂等文今存九十多篇。

《送杜少府之任蜀州》

《送杜少府之任蜀州》是"初唐四杰"之首王勃创作的一首五言律诗，该诗堪称送别诗中的经典。"少府"，是唐朝对县尉的通称。这位姓杜的少府将到四川去上任，王勃在长安相送，临别时赠送此诗。全诗如下：

城阙辅三秦，风烟望五津。

与君离别意，同是宦游人。

海内存知己，天涯若比邻。

无为在歧路，儿女共沾巾。

翻译：

三秦之地拱卫着都城长安，弥漫的雾中怎么也望不到想象中的五津。

我与你都充满着离别愁意，因为我们都是远离家乡、外出做官的人。

只要四海之中有了解自己的人，天涯海角也好似亲密近邻。

我们不要在分手的路口，像青年男女那样让泪水沾湿佩巾。

人生贵相知，何必金与钱。

——（唐）李白《赠友人》诗之二

【翻译】

人生最宝贵的是找到相知的朋友，金钱又算得了什么。

【链接】

李白的诗

李白是唐代伟大的浪漫主义诗人。其诗风格豪放，飘逸洒脱，想象丰富，语言流转自然，音律和谐多变。李白善于从民歌、神话中汲取营养素材，构成其特有的瑰丽绚烂的色彩，是屈原以来积极浪漫主义诗歌的新高峰。屈原之后，李白第一个真正能够广泛地从当时的民间文艺和秦、汉、魏以来的乐府民歌吸取其丰富营养，集中提高而形成他的独特风貌。他具有超异寻常的艺术天才和磅礴雄伟的艺术力量，一切可惊可喜、令人兴奋、发人深思的现象，无不尽归笔底。李阳冰在《草堂集序》中称赞李白："千载独步，惟公一人。"杜甫对李白评价甚高，称赞他的诗"惊风雨""泣鬼神"，而且无敌于世、卓然不群。韩愈对李白极为推崇，在《调张籍》中有言："李杜文章在，光焰万丈长。"在《石鼓歌》中叹道："少陵无人谪仙死。"白居易曾作《李白墓》诗，凭吊李白"可怜荒陇穷泉骨，曾有惊天动地文"。唐文宗御封李白的诗歌、裴旻的剑舞、张旭的草书为"三绝"。

李白的诗歌现存近千首，诗歌题材多种多样。由于生于盛唐时期，诗歌以浪漫为主，豪放大气。其代表作包括：七言古诗《蜀道难》《行路难》《梦游天姥吟留别》《将进酒》《梁甫吟》等；五言古诗《古风》59首、《长干行》《子夜吴歌》《宣州谢朓楼饯别校书叔云》等；七言绝句《望庐山瀑布》《望天门山》《早发白帝城》等。

李白生活在唐代极盛时期，具有"济苍生""安黎元"的进步理想，毕生为实现这一理想而奋斗。他的大量诗篇既反映那个时代的繁荣气象，又揭露和批判统治集团的荒淫和腐败，表现出蔑视权贵、追求自由和理想的积极精神。

李白的诗具有"笔落惊风雨，诗成泣鬼神"的艺术魅力，这也是他的诗歌最鲜明的艺术特色。李白调动一切浪漫主义手法，使诗歌内容和形式达到了完美的统一。

在李白的诗中，充满了极度的夸张、贴切的比喻和惊人的幻想，让人感受到的却是高度的真实。

在李白的诗中，常将想象、夸张、比喻、拟人等手法综合运用，从而形成神奇、瑰丽的意境，这就是李白的浪漫主义诗作给人以豪迈奔放、飘逸若仙的韵致的原因所在。

李白的诗歌对后代产生了极为深远的影响。中唐的韩愈、孟郊、李贺，宋代的苏轼、陆游、辛弃疾，明清的高启、杨慎、龚自珍等著名诗人，都受到李白诗歌的巨大影响。

人生交契无老少，论交何必先同调。

—— （唐）杜甫的《徒步归行》

【注解】

（1）交契：情谊，交情。

（2）老少：年老、年少。

（3）同调：志趣相投。

【翻译】

人生在世，结交朋友没有年老、年少之分，也不必一开始就要求彼此志趣相投。

【链接】

杜 甫

杜甫（712—770年），字子美，自号少陵野老，世称"杜少陵""杜工部"，河南巩县（今河南巩义）人，原籍湖北襄阳。唐朝伟大的现实主义诗人，被后人称为"诗圣"，与李白并称"李杜"。

杜甫曾任左拾遗、检校工部员外郎，因此后世称其

"杜工部"。他以古体、律诗见长，风格多样，以"沉郁顿挫"四字可以准确概括出其作品的风格，而以沉郁为主。

杜甫生活在唐朝由盛转衰的历史时期，其诗多涉及社会动荡、政治黑暗、人民疾苦，因此其诗被誉为"诗史"。杜甫一生写诗一千四百多首，其中很多是流传千古的名篇，如"三吏"（《石壕吏》《新安吏》《潼关吏》）、"三别"（《新婚别》《无家别》《垂老别》）。杜甫的诗篇流传数量是唐诗里最多且最广泛的，对后世影响深远，有《杜工部集》传世。

相知无远近，万里尚为邻。

—— （唐）张九龄《送韦城李少府》

【注解】

（1）无：无论。

（2）尚：还

【翻译】

相知的朋友，无论相隔的距离是远是近，都会像比邻而居一样。

【链接】

张九龄

张九龄（678—740年），字子寿，韶州曲江（现广东省韶关市）人，人称"张曲江"。唐代著名诗人、宰相。卒谥文献。

张九龄是开元时期的贤相之一，也是唐代唯一个由岭南书生出身的宰相。他耿直温雅，风仪甚整，时人誉为"曲江风度"。即使罢相后，如有人向唐玄宗举荐人才，唐玄宗就问："其人风度得如九龄否？"

开元末年，唐玄宗倦于朝政，沉迷享乐，疏远贤人，亲近小人。在小人得志的凶险政情下，张九龄能守正嫉邪，刚直不阿，成为"安史之乱"前最后一位公忠体国、举足轻重的唐室大臣。张九龄坚拒武惠妃的贿赂，粉碎了她危及太子的阴谋。张九龄反对任用奸佞的李林甫、庸懦的牛仙客为相，以至于屡忤唐玄宗意志，终于被罢相。

张九龄目光长远，曾预言安禄山"貌有反相，不杀必为后患"，然而不为唐玄宗重视。20年后，"安史之乱"果然发生，唐玄宗仓皇入蜀，忆起张九龄当年之预言，痛哭之余，只有遣使祭奠故人。

张九龄7岁知属文，曾作《感遇》诗12首，名列《唐诗三百首》第一首，和陈子昂的《感遇》38首相提并论，其中"草木有本心，何求美人折"一联，更是他高洁情操的写照。另外，张九龄的五言律诗情致深婉，如

《望月怀远》一句"海上生明月，天涯共此时"为千古绝唱。有《张曲江集》传世。

近贤则聪，近愚则聩。

——（唐）皮日休《耳箴》

【注解】

（1）聩：耳聋，昏聩。

【翻译】

接近贤明的人，自己就聪慧；接近愚昧的人，自己也会变得昏庸。

【链接】

皮日休

皮日休（834—883年），字逸少，后改袭美，自号间气布衣、醉吟先生、鹿门子等，襄阳（今湖北襄樊）人。晚唐文学家。

皮日休曾在苏州刺史崔璞幕下做郡从事，后入京任著作佐郎、太常博士。僖宗乾符二年（公元875年）出为毗陵副使。后参加黄巢起义军，任翰林学士。后来黄巢兵败，皮日休不知所终。

皮日休为晚唐著名诗人、散文家，与陆龟蒙并称

"皮陆"。他的不少作品反映了晚唐的社会现实，暴露了统治阶级的腐朽，反映了人民所受的剥削和压迫。有学者认为皮日休是"一位忧国忧民的知识分子""是一位善于思考的思想家"。鲁迅评价皮日休"是一蹋（塌）糊涂的泥塘里的光辉的锋芒"。有《皮子文薮》传世，内收其文200篇，诗1卷。

人生结交在始终，莫为升沉中路分。

—— （唐）贺兰进明《行路难》诗之五

【翻译】

人的一生所结交的朋友要有始有终，不要因为地位的变化而中途分手。

【链接】

贺兰进明

生卒年均不详，约唐玄宗天宝中前后（约公元749年前后）在世。唐朝官员。

开元十六年（公元728年），贺兰进明登进士第。安禄山之乱发生后，贺兰进明以御史大夫为临淮节度使。张巡被围睢阳，派南霁云乞师。贺兰进明嫉妒张巡的声威，不应，于是张巡陷没。唐肃宗时，贺兰进明为北海太守。诣行在，以为南海太守，摄御史大夫、岭南节度使，后贬秦州司马。

贺兰进明好古博雅，经纶满腹，著文一百余篇，著古诗乐府数十篇。

大凡君子与君子以同道为朋，小人与小人以同利为朋，此自然之理也。

——（宋）欧阳修《朋党论》

【注解】

（1）大凡：大概，大要。

（2）同道：同样的志趣。

（3）同利：同样的利益。

【翻译】

大概君子与君子因志趣一致结为朋党，而小人则因利益相同结为朋党，这是很自然的规律。

【链接】

欧阳修

欧阳修（1007—1073年），字永叔，自号醉翁，自称"庐陵人"，晚年号六一居士，谥号文忠，世称"欧阳文忠公"，吉州永丰（今江西永丰）人。北宋政治家、文学家、史学家和诗人，"唐宋八大家"之一。

欧阳修是北宋诗文革新运动的领导者，喜奖掖后进，苏轼兄弟及曾巩、王安石皆出其门下。其诗、词、散文均为一时之冠，代表作有散文《朋党论》《五代史伶官传序》《醉翁亭记》《秋声赋》《祭石曼卿文》《卖油翁》，词《采桑子·群芳过后西湖好》《诉衷情·清晨帘幕卷秋霜》《踏莎行·候馆残梅》《生查子·去年元夜时》《朝中措·平山栏槛倚晴空》《蝶恋花·庭院深深深几许》，诗《戏答元珍》和《画眉鸟》。有《欧阳文忠公文集》传世。

《朋党论》

《朋党论》是北宋著名文学家欧阳修向宋仁宗上的一篇奏章，是欧阳修最好的文章之一，也是"文起八代之衰"的古文运动中最好的文章之一，在汉语言文学传世的政论散文中，也是最好的文章之一。

原文：

臣闻朋党之说，自古有之，惟幸人君辨其君子小人而已。大凡君子与君子以同道为朋，小人与小人以同利为朋，此自然之理也。

然臣谓小人无朋，惟君子则有之。其故何哉？小人所好者禄利也，所贪者财货也。当其同利之时，暂相党引以为朋者，伪也；及其见利而争先，或利尽而交疏，则反相贼害，虽其兄弟亲戚，不能自保。故臣谓小人无朋，其暂为朋者，伪也。君子则不然。所守者道义，所行者忠信，所惜者名节。以之修身，则同道而相益；以之事国，则同心而共济；终始如一，此君子之朋也。故为人君者，但当退小人之伪朋，用君子之真朋，则天下治矣。

尧之时，小人共工、驩兜等四人为一朋，君子八元、八恺十六人为一朋。舜佐尧，退四凶小人之朋，而进元、恺君子之朋，尧之天下大治。及舜自为天子，而皋、夔、稷、契等二十二人并列于朝，更相称美，更相推让，凡二十二人为一朋，而舜皆用之，天下亦大治。《书》曰："纣有臣亿万，惟亿万心；周有臣三千，惟一心。"纣之时，亿万人各异心，可谓不为朋矣，然纣以亡国。周武王之臣，三千人为一大朋，而周用以兴。后汉献帝时，尽取天下名士囚禁之，目为党人。及黄巾贼起，汉室大乱，后方悔悟，尽解党人而释之，然已无救矣。唐之晚年，渐起朋党之论。及昭宗时，尽杀朝之名士，或投之黄河，曰："此辈清流，可投浊流。"而唐遂亡矣。

夫前世之主，能使人人异心不为朋，莫如纣；能禁绝善人为朋，莫如汉献帝；能诛戮清流之朋，莫如唐昭宗之世；然皆乱亡其国。更相称美推让而不自疑，莫如舜之二十二臣，舜亦不疑而皆用之；然而后世不诮舜为二十二人朋党所欺，而称舜为聪明之圣者，以能辨君子与小人也。周武之世，举其国之臣三千人共为一朋，自古为朋之多且大，莫如周；然周用此以兴者，善人虽多而不厌也。

嗟呼！兴亡治乱之迹，为人君者，可以鉴矣。

翻译：

臣听说关于朋党的言论，是自古就有的，只是希望君主能分清他们是君子还是小人就好了。大概君子与君子因志趣一致结为朋党，而小人则因利益相同结为朋党，这是很自然的规律。

但是臣以为，小人并无朋党，只有君子才有。这是什么原因呢？小人所爱所贪的是薪俸钱财。当他们利益相同的时候，暂时地互相勾结，成为朋党，那是虚假的；等到他们见到利益而争先恐后，或者利益已尽而交情淡漠之时，就会反过来互相残害，即使是兄弟亲戚，也不会互相保护。所以说小人并无朋党，他们暂时结为朋党，也是虚假的。君子就不是这样：他们坚持的是道义，履行的是忠信，珍惜的是名节。用这些来提高自身修养，那么志趣一致就能相互补益。用这些来为国家做事，那么观点相同就能共同前进。始终如一，这就是君子的朋党啊。所以做君主的，只要能斥退小人的假朋党，起用君子的真朋党，那么天下就可以安定了。

唐尧的时候，小人共工、驩兜等四人结为一个朋党，君子八元、八恺等十六人结为一个朋党。舜辅佐尧，斥退"四凶"的小人朋党，而起用"元、恺"的君子朋党，唐尧的天下因此非常太平。等到虞舜自己做了天子，皋陶、夔、稷、契等二十二人同时列位于朝廷。他们互相推举，互相谦让，一共二十二人结为一个朋党。但是虞舜全都起用他们，天下也因此得到大治。《尚书》说：
"商纣有亿万臣，是亿万条心；周有三千臣，却是一条
心。"商纣王的时候，亿万人各存异心，可以说不成朋党
了，于是纣王因此而亡国。周武王的臣下，三千人结成
一个大朋党，但周朝却因此而兴盛。后汉献帝的时候，
把天下名士都关押起来，把他们视作"党人"。等到黄巾
贼来了，汉王朝大乱，然后才悔悟，解除了党锢释放了
他们，可是已经无可挽救了。唐朝的末期，逐渐生出朋
党的议论，到了昭宗时，把朝廷中的名士都杀害了，有
的竟被投入黄河，说什么"这些人自命为清流，应当把
他们投到浊流中去"。唐朝也就随之灭亡了。

　　前代的君主，能使人人异心不结为朋党的，谁也不
及商纣王；能禁绝好人结为朋党的，谁也不及汉献帝；
能杀害"清流"们的朋党的，谁也不及唐昭宗之时；但
是都由此而使他们的国家招来混乱以至灭亡。互相推举
谦让而不疑忌的，谁也不及虞舜的二十二位大臣，虞舜
也毫不猜疑地进用他们。但是后世并不讥笑虞舜被二十
二人的朋党所蒙骗，却赞美虞舜是聪明的圣主，原因就
在于他能区别君子和小人。周武王时，全国所有的臣下
三千人结成一个朋党，自古以来作为朋党又多又大的，
谁也不及周朝；然而周朝因此而兴盛，原因就在于善良
之士虽多却不感到满足。

　　前代治乱兴亡的过程，为君主的可以作为借鉴了。

人生交分耻苟合，贵以道义久可要。

——（宋）苏舜钦《奉酬公素学士见招之作》诗

【翻译】

人生在世，结交朋友最令人鄙夷的是随便附和，最宝贵的是以道德义理为基础的相交。

【链接】

苏舜钦

苏舜钦（1008—1048年），字子美，梓州铜山（今四川中江）人。北宋诗人。

苏舜钦曾任县令、大理评事、集贤殿校理、监进奏院等职。因支持范仲淹的庆历革新，为守旧派所恨，御史中丞王拱辰让其属官劾奏苏舜钦，劾其在进奏院祭神时，用卖废纸之钱宴请宾客，被罢职，闲居苏州。后来复起为湖州长史，但不久就病故。

苏舜钦好饮酒，每晚读书都要喝上一斗，其岳父知道后大笑说："有如此下物，一斗诚不为多也。"苏舜钦的诗与梅尧臣齐名，世称"苏梅"，被赞为宋诗"开山祖师"。著有《苏学士集》（又名《苏子美集》）16卷。其代表作为《城南感怀呈永叔》《吾闻》《淮中晚泊犊头》等。苏舜钦的散文崇尚韩愈、柳宗元，有代表作《沧浪亭记》。

言则我从，斯我之贼。

—— （宋）张孝祥《取友铭》

【注解】

（1）言：说话。

（2）从：顺从。

（3）贼：敌人。

【翻译】

说话总是顺着我，这是我的敌人。

【链接】

张孝祥

张孝祥（1132—1170年），字安国，别号于湖居士，历阳乌江（今安徽省和县）人，生于明州鄞县（今属浙江）。南宋著名词人、书法家。有《于湖居士文集》《于湖词》传世。《全宋词》辑录其223首词。

与邪佞人交，如雪入墨池，虽融为水，其色愈污；与端方人处，如炭入熏炉，虽化为灰，其香不灭。

——（宋）许棐《樵谈》

【翻译】

与奸邪谄媚之人交往，就像白雪进入墨池里，虽然融化成水，但其颜色却更加肮脏；与正直之人相处，就像木炭进至熏炉里，虽然烧成了灰，但其香气依然可闻。

【链接】

许 棐

许棐，生卒年不详，约宋理宗宝庆初前后在世，字忱夫，海盐人（今属浙江）。隐于秦溪，筑小庄于溪北，植梅于屋之四檐，号曰梅屋。宋朝学者。著有《樵谈》《梅屋诗稿》《融春小缀》《梅屋三藁》《梅屋四藁》《杂著》《献丑集》。

不打不成相识。

—— （明）施耐庵《水浒传》第三十八回

【翻译】

双方不打一场不会相识，表示经过交手，互相了解，更加亲近。

【链接】

《水浒传》

《水浒传》又名《忠义水浒传》，一般简称《水浒》，作者一般被认为是施耐庵，创作时间待考，一般认为作于元末明初，是中国历史上第一部用白话文写成的长篇小说，开创了白话章回小说的先河，是中国四大名著之一。

全书120回，描写北宋末年以宋江为首的108人在梁山泊聚义以及聚义之后接受招安、四处征战的故事。书中出现的人物有数百人之多，是世界文学史上人物最多的小说。全书可以分为以下几个部分：一是鲁智深、林冲、武松等好汉上梁山前的个人经历；二是宋江在发配途中与各路好汉的奇遇以及最终上梁山的经历；三是宋江带领梁山好汉进行的几场战役；四是原首领晁盖去世

后，宋江确立梁山首领地位以及聚义的故事；五是大聚
义后与官军的战斗以及受招安；六是征服企图进犯的辽
国；七是打败割据势力田虎、王庆；八是在江南与割据
的方腊作战并死伤大半，全书在悲剧性且引人深思的氛
围中结束。

《水浒传》很早就流传到国外，其日文译本在18世纪
就出现，影响较大，很多著名画家都曾为其画过插图，
如葛饰北斋、歌川国芳等，19世纪开始传入欧美，最早
的德文译名是《强盗与士兵》，法文译名是《中国的勇士
们》。英文译本有多种，最早的70回译本定名为《水边》，
基于出现最早和最贴近原名的原因，这个译名往往被认
为是标准译名。美国女作家赛珍珠在将它翻译成英文时
就定名为《四海之内皆兄弟》。20世纪70年代末，中国籍
美国翻译家沙博理的百回本的名字是《水泊好汉》。后来
还有人把120回本也译成英文。另外，还有某外国版本叫
《一百零五个男人和三个女人的故事》。

李逵与张顺"不打不成相识"

中国古典小说《水浒传》中有这样一段故事：

宋江因犯案被发配到江州，遇到早就想结识他的戴
宗。于是两人一起进城，在一家酒店里喝酒。才饮得两
三杯，又遇到李逵。后来，三人又到江边的琵琶亭酒馆
去喝酒。

吃喝间，宋江嫌送来的鱼汤不好，叫酒保去做几碗

新鲜鱼烧的汤来醒酒。正好酒馆里没有新鲜鱼，于是李逵跳起来说："我去渔船上讨两尾来与哥哥吃！"

戴宗怕他惹事，想叫酒保去取，但李逵一定要自己去。

李逵走到江边，对着渔人喝道："你们把船上的活鱼给我两条。"

一个渔人说："主人不来，我们不敢开舱。"

李逵见渔人不拿鱼，便跳上一只船，顺手把竹笆篾一拔。没想到竹笆篾是没有底的，只用它来拦鱼，他这一拔，就让鱼全跑了。李逵一连放跑了好几条船上的鱼，惹怒了几十个渔人。大家七手八脚地拿竹篙来打李逵。李逵大怒，两手一架，早抢过五六条竹篙在手里，一下子全扭断了。

正在这时，绰号"浪里白条"的主人张顺来了。张顺见李逵无理取闹，便与他交起手来。两人从船上打到江岸，又从江岸打到江里。张顺水性极好，李逵不是他的对手。他将李逵按在水里，李逵晕头转向，连声叫苦。

这时戴宗跑来，对张顺喊道："你先救了我这位兄弟，快上来见见宋江！"

原来，张顺认得戴宗，平时又敬仰宋江的大名，只是不曾拜识。听戴宗一喊，急忙将李逵托上水面，游到江边，向宋江施礼。

戴宗向张顺介绍说："这位是俺弟兄，名叫李逵。"

张顺道："啊，原来是李大哥，只是不曾相识！"

李逵生气地说："你害得我好苦呀！"

张顺笑道："你也打得我好苦呀！"

说完，两个哈哈大笑。

戴宗道："你两个今番却做个至交的弟兄。常言道：'不打不成相识。'"

几个人听了，都笑了起来。

文情不厌新，交情不厌陈。

—— （明）汤显祖《得吉水刘年侄同升书喟然》诗其二

【注解】

（1）文情：文章的形式和内容。

（2）厌：讨厌。

（3）陈：久远。

【翻译】

文章的形式和内容不怕新颖，越新颖越好；朋友间的友情不怕久远，越久远越好。

【链接】

汤显祖

汤显祖（1550—1616年），字义仍，号海若、若士、清远道人，江西临川人。明代戏曲家、文学家。在戏曲史上，和关汉卿、王实甫齐名，在中国乃至世界文学史上都有着重要的地位，被誉为"东方的莎士比亚"。

汤显祖出身书香门第，早有才名，12岁的诗作即已显出才华。14岁补县诸生，21岁中举。这时，他不仅于古文诗词颇精，而且能通天文地理、医药卜筮诸书。26岁时刊印第一部诗集《红泉逸草》，次年又刊印诗集《雍藻》（未传），第三部诗集名为《问棘邮草》。28岁时作第一部传奇《紫箫记》，得到友人的合作，但未完稿，10年后改写为《紫钗记》。34岁中进士，在南京先后任太常寺博士、詹事府主簿和礼部祠祭司主事。后逐渐打消仕进之念，潜心于戏剧及诗词创作。

在汤显祖多方面的成就中，以戏曲创作为最，其戏剧作品《还魂记》（一名《牡丹亭》）、《紫钗记》《南柯记》和《邯郸记》合称"临川四梦"，又称"玉茗堂四梦"，其中《牡丹亭》是他的代表作。这些剧作不但为中国历代人民所喜爱，而且已传播到英、日、德、俄等很多国家，被视为世界戏剧艺术的珍品。此外，汤显祖的专著《宜黄县戏神清源师庙记》是中国戏曲史上论述戏剧表演的一篇重要文献，对导演学起了拓荒开路的作用。

汤显祖还是一位杰出的诗人，其诗作有《玉茗堂全集》4卷、《红泉逸草》1卷、《问棘邮草》2卷。

人未己知，不可急求其知；人未己合，不可急与之合。

—— （明）薛瑄《薛子道论·中篇》

【注解】

（1）知：了解。

（2）合：相处融洽。

【翻译】

别人还没有了解自己，不要急于让人家了解；别人还没有与自己相处融洽，不要急于与别人融洽相处。

【链接】

薛　瑄

薛瑄（1389—1464年），字德温，号敬轩，山西河津县（今山西河津）人。明朝官员，著名的理学大师，河东学派的创始人。因为他曾在朱熹的白鹿洞讲学，深受欢迎，所以人们尊称他为"薛夫子"。

薛瑄出身于教育世家。因有良好的求学环境，再加上生性聪颖，薛瑄在六七岁时便能对《小学》、"四书"

熟习背诵，十一二岁就会写诗作赋。永乐元年（公元1403年），薛瑄的父亲在任荥阳县教谕时，河南布政司参政陈宗问前来巡视，在船上偶有感触，随口吟出"绿水无忧风皱面"，但一时想不出对句，便求教于在场官吏，结果无一人能够对得上来。薛瑄的父亲回家将此事告诉薛瑄，他稍加思索便道出"青山不老雪白头"，其他人得知，一时惊叹，赞之天才，日后必有大成。

薛瑄为官24年，大多执掌法纪，如监察御史、大理寺少卿和大理寺卿等。其间，他严于律己，勤廉从政，刚直不阿，执法如山，被誉为"光明俊伟"的清官。

薛瑄是明代有名的理学大师。青年时期的薛瑄专心攻读宋明理学，颇有造诣。从政以后，他更是勤学不辍，一有空闲，便亲自抄录《性理大全》一书（明成祖命胡广编著），认真读诵，经常深夜才睡。在冬天的夜晚，他不顾寒冷，仍然燃烛苦读。薛瑄在读书中，一有心得体会，便立即记下来，后来记得多了，便集成《读书录》和《读书二录》，两书共23卷，成为薛瑄在理学方面的重要论著。

薛瑄一贯倡导求实理、务实用的实学思想和学风，他不但明确提出了"实学"的概念，而且赋予了丰富的内涵。

薛瑄的文学成就也很大，其文学作品有散文、杂文等260余篇，诗歌1 570首。薛瑄的主要著作包括《文集》（24卷）《读书录》（11卷）《理学粹言》《从政名言》《策问》《读书二录》等。其中《读书二录》是集薛瑄理学思想大成的代表作，也是他平生所作读书笔录或读书心得之集中总汇。

处朋友务相下则得益，相上则损。

——（明）王守仁《传习录》

【注解】

（1）处：相处。

（2）务：一定。

（3）相下：态度谦下。

（4）相上：与"相上"相反。

（5）损：损害。

【翻译】

与朋友相处，一定要态度谦下，这样才会有益，都认为自己比别人高，就有害交情。

【链接】

王守仁

王守仁（1472—1529年），字伯安，号阳明子，世称阳明先生，故又称王阳明，浙江余姚（今浙江余姚）人。明代最著名的思想家、哲学家、文学家和军事家，陆王心学之集大成者，精通儒家、佛家、道家，能统军征战，一生事功显赫，是中国历史上罕见的全能大儒，故又被称"真三不朽"。

王守仁生于明朝中叶，当时政治腐败，社会动荡，学术颓败，王守仁试图力挽狂澜，拯救人心，于是创"身心之学"，倡良知之教，修万物一体之仁。

王守仁是我国宋明时期心学集大成者。王守仁继承陆九渊强调"心即是理"之思想，反对程颐、朱熹通过事物追求"至理"的"格物致知"方法，因为事理无穷无尽，格之则未免烦累，所以提倡从自己内心中去寻找"理"，认为"理"全在人"心"，"理"化生宇宙天地万物，人秉其秀气，故人心自秉其精要。

在知与行的关系上，王守仁从"天地万物本吾一体"出发，强调要知，更要行，知中有行，行中有知，所谓"知行合一"，二者互为表里，不可分离。知必然要表现为行，不行则不能算真知。

王守仁的学说以"反传统"的姿态出现，在明代中期以后，形成了阳明学派，影响很大，他广收门徒，遍及各地。王守仁死后，其哲学思想远播海外，特别对日本学术界以很大的影响，日本大将东乡平八郎就有一块

"一生伏首拜阳明"的腰牌。阳明学在日本也直接成为明治维新中传统思想抵制全盘西化的基础，所以现在的日本，其传统保留得比中国好很多。

王守仁的文学成就也很高，但往往被其事功、哲学所掩盖。《古文观止》中收录有王守仁的名篇《瘗旅文》《教条示龙场诸生》。

《传习录》

《传习录》是王守仁的问答语录和论学书信集。是一部儒家简明而有代表性的哲学著作。不但全面阐述了王守仁的思想，也体现了他辩证的授课方法以及生动活泼、善于用譬、常带机锋的语言艺术。

《传习录》包括了王学所有重要观点。

上卷阐述了知行合一、心即理、心外无理、心外无物、意之所在即是物、格物是诚意的功夫等观点，强调圣人之学为身心之学，要领在于体悟实行，切不可把它当作纯知识，仅仅讲论于口耳之间。

中卷有书信8篇。回答了对于知行合一、格物说的问难之外，还谈了王学的根本内容、意义与创立王学的良苦用心；讲解致良知大意的同时，也精彩地解释了王学宗旨；回答了他们关于本体的质疑，针对各人具体情况指点功夫切要。另有两篇短文，阐发王守仁的教育思想。

下卷的主要内容是致良知，王守仁结合自己纯熟的修养功夫，提出本体功夫合一、满街都是圣人等观点，尤其引人注目的是四句教，它使王学体系更加齐备。

未交之先宜察，既交之后宜信。

—— （明）王肯堂删润本《交友论》

【注解】

（1）察：观察对方的言行举止。

（2）宜：应该。

（3）信，信任。

（4）既：已经。

【翻译】

结交朋友之前应该对对方加以观察，已经成为朋友要信任对方。

【链接】

王肯堂

王肯堂（1549—1613年），字宇泰，号损庵，又字损仲，自号念西居士，江苏金坛人。明代官吏、医学家。

王肯堂于万历十七年（公元1589年）中进士，授予翰林院检讨，以博学多闻而名扬馆阁。自古以来，医学大师兼晓儒学的不少，但既有精湛医术又撰有儒学专著的不多。王肯堂在翰林院时，博览群书，勤奋治学，先后著述了经学专著《尚书要旨》36卷，《尚书过庭录》《书帷别记》4卷，《五经义府》《论语义府》20卷等，被称为"胜国名翰林"。

王肯堂后来因上书主张抗御倭寇未果，于是引疾归里。

居家期间，王肯堂边疗民疾，边撰医书，曾成功地为一个眼窝边生毒瘤的患者行切除术，做过落耳再植术，治愈一富家子弟因科举得中惊喜过度而得的精神病。

王肯堂广泛收集历代医药文献，结合自己的临床经验，用了十多年的时间编著成二百七十余万言的《证治准绳》一书。全书共分6科，计44卷，实际上是5门学科撰著之总称。书中分科论述，各科涉及的病种非常广泛，全书搜集的资料却又非常广博，医家评论为"博而不杂，详而有要"。

王肯堂的医学著作，除上述《证治准绳》外，还编撰有《古今医统正脉全书》44种，206卷，《肯堂医论》3卷，《王肯堂先生医案》1卷，《王宇泰药性赋》1卷，《医学穷源集》6卷，《医辨》3卷，《医镜》4卷，《郁冈斋笔麈》等，可谓著作等身，且都是中国医学史上的经典。

王肯堂十分重视学习西方的自然科学知识。他与意大利传教士利玛窦有频繁交往，且相知日深。王肯堂替利玛窦润色修改了《交友论》一书，这是西方学者为中国读者写的第一本简明扼要论述交友的专著，也是王肯堂与利玛窦友谊的结晶。

人生贵知心，定交无暮早。

——（明）袁中道《德山别杨西来》

【注解】

（1）暮：晚。

【翻译】

交友贵在知心，建立友谊是没有早晚的。

【链接】

袁中道

袁中道（1575—1630年），字小修，一作少修，湖广公安（今属湖北）人。明代文学家，"公安派"领袖之一，与其兄宗道、宏道并称"三袁"。

万历四十四年（公元1616年），袁中道中进士，授徽州府教授，止于吏部郎中。

袁中道在《小修诗叙》中，提出了"公安派"的理论核心"独抒性灵"以及与此相适应的文学主张"不拘格套"。"独抒性灵"的提出是对张扬个性的肯定，对文学的主体——人的肯定，它包含了富于时代气息的内涵。"性灵"指纯真、活泼、自然的人性，是真的性情，"性灵"也指人的各种生活欲望和情感的流露。"性灵"体现于文学创作中则表现为"不拘格套"，指独特的富有独创性的个性表现。

袁中道的作品以散文为主，其游记文《金粟园记》《玉泉涧游记》《游石首绣林山记》《游鸣凤山记》等，情景交融，描摹入微；尺牍文《答潘景升》《寄蕴璞上人》《与曾太史长石》等，直抒胸臆，文笔流畅；日记《游居柿录》反对复古拟古，认为文学是随时代的变化而变化的，"天下无百年不变之文章"。

袁中道的著作有《珂雪斋集》20卷、《游居柿录》（即《袁小修日记》）20卷。

公安派

公安派是明代后期出现的一个文学流派。以袁宏道及其兄袁宗道、弟袁中道三人为代表，因三人是湖北公安人而得名。这一派的主要人物还有江盈科、陶望龄、黄辉等。

公安派的散文以清新活泼之笔，开拓了我国小品文的新领域，在晚明的诗歌、散文领域，以公安派的声势最大。

公安派的文学主张与前后七子拟古主义针锋相对，他们提出"世道既变，文亦因之"的文学发展观，又提出"性灵说"，要求作品"独抒性灵，不拘格套"，能直抒胸臆，不事雕琢。其文学主张具体包括三条：

其一，反对抄袭，主张变通。公安派猛烈抨击前后七子的句拟字摹、食古不化倾向，他们对文坛"剽窃成风，众口一响"的现象提出尖锐的批评。他们主张文学应随时代而发展变化，"世道改变，文亦因之；今之不必摹古者，亦势也"，不但文学内容，而且形式、语言亦会有所变化而趋于通俗。

其二，独抒性灵，不拘格套。所谓"性灵"，就是作家的个性表现和真情发露，他们认为"出自性灵者为真诗"，而"性之所安，殆不可强，率性所行，是谓真人"，进而强调非从自己胸臆中流出，则不下笔，主张"言人之所欲言，言人之所不能言，言人之所不敢言"。

其三，注重民歌和小说，提倡通俗文学。这一主张与公安派的实践对提高那一时期民间文学和通俗文学的社会地位有一定作用。

友如作画须求淡，山似论文不喜平。

——（清）翁照《与友人寻山》诗

【翻译】

交友应当像作画一样追求清淡，欣赏山的美就像做文章，平平淡淡就没有韵味了。

【链接】

翁　照

翁照（1677—1755年），初名玉行，字朗夫，一字霁堂，号子静，江苏江阴人。清代诗人，著有《赐书堂诗文集》。

【链接】

嵇康与山巨源绝交

魏晋名士嵇康不与贪官污吏合作，表现出高贵的气节和操守。

嵇康曾在魏国担任过一个小官，但他由于看不惯司马氏集团的所作所为，便到山中隐居。他的好友山涛给他写来一信，劝他不要与司马氏集团顶撞，要克服自己的恃才傲物、自命清高的脾气，好继续去做官。

嵇康读完信后，立即提笔写了一封回信，这就是有名的《与山巨源（涛）绝交书》。在信中，他主张君子百行，循性而动，各附所安，论述了自己入山林而不返的理由。

嵇康采取庄子拒辞楚王之相的做法，表现出对贪官污吏批判的态度。他写完信后，让好友阮籍看，阮籍竟双手颤抖，泪光莹莹，哽咽着对他说："我从你身上看到了真正的人的骨气，你真是一个与邪恶势力格斗的勇士！我即使不能像你这样疾恶如仇，也可以在醉乡沉睡不醒。而山涛，可惜我们尊他为兄长，想不到竟会为了官位而背叛自己的气节。"

后来，嵇康被司马昭以"轻时傲世、乱群惑众"的罪名加害，被害前，他还在刑场上弹了一曲绝世之作《广陵散》，琴声不乱，音调激越，回荡在刑场的上空，表现了高尚的情操。

拓展阅读

《孝经》部分章节解读

《孝经》一书是曾子问孝于孔子，退而和学生们讨论研究，由学生们记载而成的一本书。《汉书·艺文志》说："夫孝，天之经、地之义、民之行也，举大者言，故曰孝经。"

《孝经》共分18章，将社会上各种阶层的人士——上自国家元首，下至平民百姓，分为五个层级，就不同人的地位与职业，标示出其践行孝亲的法则与途径。《孝经》是自古以来读书人的必读书，所以被列为"十三经"之一。本书遴选《孝经》部分章节，并加以解读，希望对读者能有所裨益。

开宗明义章

本章是《孝经》的纲领，其内容是昭示《孝经》的宗旨，表明五种孝道的义理，根据历代的孝治法则，定万世的政教规范，列为《孝经》的首章。

本章共分四段：

自"仲尼居"至"汝知之乎"为第一段，是孔子给曾子提示至德要道的重要性，使曾子领悟孝道，不只是赡养父母为孝，还要他晓得治国平天下才是孝道的远大目标。

自"曾子避席"至"吾语汝"为第二段，是曾子听了孔子给他讲明了至德要道的妙用以后，他就很谦恭地接受了教诲。孔子说明孝道是道德之本，教化之所由生，不是短短数语可以讲说明白，因而命他坐下慢慢地谈，借以说明孝道的整体性。

自"身体发肤"至"终于立身"为第三段，是孔子给曾子讲明孝道的大纲。

自"大雅"至"聿修厥德"为最后一段。孔子引《诗经》上的两句话，就是证明他所讲的孝道，是述为不作之意。以周公给成王所讲的话，来作一比方，说人不但不能忘怀祖先的德行，而且要更进一步继续祖先的德行。这样，才算是尽到了大孝。

仲尼居，曾子侍。子曰："先王有至德要道，以顺天下，民用和睦，上下无怨。汝知之乎？"

解读：有一天，孔子在他的家里闲坐着，他的弟子曾参陪坐在一旁。孔子说："古代的圣王有一种崇高至极之德，要约至妙之道。拿它来治理天下，天下的人民都能够很和气地相亲相敬，上自天子，下至庶人，都不会相互怨恨。这个道德的妙用，你知道吗？"

曾子避席，曰："参不敏，何足以知之！"

解读：曾子听了孔子给他讲的这段话，道理很深，他不由肃然起敬，离开他的座位站起来，对孔子说："我曾参鲁钝，不聪明，怎么能够知晓这样深奥的道理呢？"

子曰："夫孝，德之本也，教之所由生也。复坐，吾语汝。"

解读：孔子因曾子很谦恭地起来答对，就告诉他："前边所讲的至德要道，就是孝道，这个孝道，就是德行的根本、教化的出发点。你先坐下，我慢慢地告诉你。"

身体发肤，受之父母，不敢毁伤，孝之始。

解读：孝道固然范围很广，但践行的时候，却很简单，你要晓得爱亲，先要从自己的身上爱起。凡是一个人的身体，或者很细小的一根头发和一点儿皮肤，都是父母留下来的。身体发肤，既然承受于父母，就应当体念父母爱儿女的心，保全自己的身体，不敢稍有毁伤，这就是孝道的开始。

立身行道，扬名于后世，以显父母，孝之终也。

解读：一个人的本身，如果能站得住，独立不倚，不为外界利欲所摇夺，那么他的人格一定合乎标准，这就是立身。做事的时候，他的进行方法，一切都本乎正道，不越轨，不妄行，有始有终，这就是行道。他的人格道德，既为众人所景仰，不但他的名誉传于当时，而且将要播扬于后世，无论当时和后世，将因景慕之心，推本追源，兼称他父母教养的贤德。这样，他父母的声名，也因儿女的德望光荣显耀起来，这便是孝道的完成。

夫孝，始于事亲，中于事君，终于立身。

解读：这个孝道，可分成三个阶段。幼年时期，一开始，便是承欢膝下，侍奉双亲。到了中年，便要充当公仆，替长官办事，借以为国家尽忠，为民众服务。到了老年，就要检查自己的身体和人格道德，没有缺欠，也没有遗憾，这便是立身，这才是孝道的完成。

大雅云："无念尔祖，聿修厥德。"

解读：孔子引《诗经·大雅》文王章的这两句话说："你能不追念你祖父文王的德行？如要追念你祖父文王的德行，你就得先修持你自己的德行，来继续他的德行。"

天子章

本章是说一国的元首应当尽的孝道，要博爱广敬，感化人群，天子之孝，起感化作用，所以是五孝之冠。

本章共分三段：

自"子曰"以下至"不敢慢于人"为第一段，是说元首之孝要博爱广敬、推己及人。

自"爱敬尽于事亲"至"盖天子之孝也"为第二段，是说明德教的神速广大、影响群伦。

最后一段是第三段，引《尚书》的两句话，证明述而不作。也就是说，天子是一国的元首，他的地位居万民之首，他的思想行动是万民的表率，如能实行孝道，尽其爱敬之情于他的父母，那么全国的民众就会效法于他。

子曰："爱亲者，不敢恶于人；敬亲者，不敢慢于人。"

解读：孔子说："要爱自己的父母，必先博爱，就不敢对于他人的父母有一点儿厌恶。要恭敬自己的父母，必须广敬，就不敢对于他人的父母有一丝一毫的怠慢。"

爱敬尽于事亲，而德教加于百姓，刑于四海，盖天子之孝也。

解读：元首的孝道，只要把亲爱恭敬的诚心尽到自己父母的身上，他的身教之德，如风吹草，自然风行草偃，很快地普及到百姓身上。外国人看见了，也要模仿实行，争相取法。大概这就是天子的孝道吧。

《吕刑》云："一人有庆，兆民赖之。"

解读：《尚书·吕刑》说："只要国家的元首一人有

敬亲爱亲的可庆幸的事，那么天下几万万老百姓都会欢欣鼓舞地仰赖效法，而敬爱他们自己的父母了。"

诸侯章

本章是讲诸侯的孝道，包括公、侯、伯、子、男五等爵位在内，所以在上不骄和制节谨度是诸侯孝道的基本条件。

本章共分四段：

自"在上不骄"至"满而不溢"，为第一段，说出诸侯孝道重点的所在。诸侯的权能上奉天子之命，以管辖民众，下受民众的拥戴，以服从天子。所有一国的军事、政治、经济、文化等各项要政，都由他处理，这种地位极容易犯凌上慢下的错误。犯了这种错误，不是天子猜忌，便是民众怨恨，其危险的日子就快到了。如果用戒慎恐惧的态度处理一切事务，他对上可以替天子行道，对下可以为人民造福，其地位就可以保持得长久，财物处理得恰当，收支平衡，库存充裕，财政金融稳定，人民生活丰足。这种国富民康的社会现象，可以保持久远，个人的荣禄还有什么可说呢？

自"高而不危"至"长守富贵"是第二段，说明"不危不溢""长守富贵"是诸侯立身行远的长久之计。

自"富贵不离其身"至"盖诸侯之孝也"是第三段，说明诸侯之孝的最后效果。

引《诗经》之语是最后一段，表明戒慎恐惧才是诸侯尽孝的真正大道。

在上不骄，高而不危，制节谨度，满而不溢。

解读：诸侯的地位，虽较次于天子，但为一国或一地方的首长，地位也算很高了。位高者，不易保持久远，而易遭危殆。如果能谦恭下士，而无骄傲自大之气，地位虽高，也没有危殆不安的道理。关于地方财政经济事务，事前要有计划地管制，有预算地节约，并且按照既定方针，谨慎度用，量入为出，这样自然收支平衡，财政经济便充裕丰满。满则易溢，如果照以上的法则去切实执行，那么库存就充盈，不浪费，自然不至于溢流。

高而不危，所以长守贵也；满而不溢，所以长守富也。

解读：地位很高，没有丝毫的危殆，这自然能长久保持他的爵位。财物充裕，运用恰当，虽满而不至于浪费，这自然长能保持他的富有。

富贵不离其身，然后能保其社稷，而和其民人，盖诸侯之孝也。

解读：诸侯能长期保持他的财富和地位，不让富贵离开他的身体，那么他自然有权祭祀社稷之神，而保有社稷，有权管辖人民，而和睦相处。这样的居上不骄、和制节谨度的作风，才是诸侯当行的孝道。

《诗》云："战战兢兢，如临深渊，如履薄冰。"

解读：孔子引《诗经·小雅》小旻章的一段话说："一个担任诸侯职位的大员，常常要警戒畏惧，谨慎小心。他的用心之苦，就像踏进了深渊，时时有灭顶的危险。又像践踏在薄冰之上，时时有陷入冰窟的危虑。"

卿大夫章

本章是说，卿大夫是天子或为诸侯的辅佐官员，也就是决定政策的集团，全国行政的枢纽，地位也很高。但不负守土治民之责，所以地位次于诸侯。他的孝道，就是要在言语上、行动上、服饰上都要合于礼法，示范人群，起领导作用。

本章共分四段：

自"非先王之法服"至"不敢行"是第一段，说明卿大夫的服饰、言语、行动应特别注意。

自"是故非法不言"至"无怨恶是"是第二段，说明言行是三者中的重要部分，所以重言，以申明之。

自"三者备矣"至"卿大夫之孝也"是第三段，说明三者全备无亏，才能保守宗庙祭祀之礼。

引诗是第四段，以证明卿大夫之孝。

非先王之法服不敢服，非先王之法言不敢道，非先王之德行不敢行。

解读：任卿大夫之官者，即辅佐国家行政之官吏，事君从政，承上接下，内政、外交、礼仪攸关，故服装、言语、德行都要合乎礼法，也就是合乎规定。所以非国家规定的服饰就不敢乱穿，非国家规定的法言就不敢乱讲，非国家规定的德行就不敢乱行。

是故非法不言，非道不行。口无择言，身无择行，言满天下无口过，行满天下无怨恶。

解读：所以卿大夫的讲话，不合礼法的话，就不讲出口，不合道理的事，就不现于行为。一言出口，传满天下，可是没有人检查出他的错误，自然无口过。一行做出，普及天下，可是没有人检查出他的不法行为，自然无怨恶。

三者备矣，然后能守其宗庙，盖卿、大夫之孝也。

解读：服饰、言语、行动三者都能谨慎实行，完备无缺，自然德高功硕，得到首长的信任，禄位可保，宗庙祭祀之礼自然照常奉行。卿大夫的孝，大致就是如此。

《诗》云："夙夜匪懈，以事一人。"

解读：孔子引述《诗经·大雅》蒸民章的这两句话

说："为人部属的，要早晚勤奋地服务长官，尽他应尽的责任。"

士章

本章说明初级公务员的孝道：一要尽忠职守，二要尊敬长上。

本章共分五段：

自"资于事父"至"而敬同"为第一段，说明移孝作忠的诚心所本。

自"故母取其爱"至"父也"为第二段，说明父兼爱敬之义。

自"故以孝"至"则顺"为第三段，说明忠顺二字的道理。

自"忠顺不失"至"盖士之孝也"为第四段，说明士的孝道以保持忠顺二字为主要条件。

最后引诗为第五段，说明不要懒惰而有伤父母的面子。按士的孝道，在于尽忠职守，善处同事，因为他是初入社会做事的人，什么公事都不懂，应虚心静气地练习。一方面服从长官的命令做事，另一方面要对年长位高的同事恭敬顺从，多多请教。如果做事不负责任，就是不忠。对同事不大恭敬，就是不顺。不忠不顺，就得不到长官的信任和同事的好感。一个人所处的环境如果是这样恶劣，他还能保持他的禄位和守其祭祀吗?

资于事父以事母而爱同,资于事父以事君而敬同。

解读:士人的孝道包括爱敬,就是要把爱敬父亲的爱心移来,以爱母亲,那么亲爱的心思是一样的。再把爱敬父亲的敬心移来,以敬长官,那么恭敬的态度是一样的。

故母取其爱,而君取其敬,兼之者父也。

解读:所以爱敬的这个孝道是相关联的,不过对母亲方面,偏重在爱,就取其爱。对长官方面,偏重在敬,就取其敬。爱敬并重的,还算是父亲。

故以孝事君,则忠。以敬事长,则顺。

解读:读书的子弟,初离学校和家庭,踏进社会,为国家服务,还未懂得公务的办理。若能以事亲之道,服从长官,竭尽心力,把公事办好,这便是忠。在同事方面,对于地位较高、年龄较大的长者,以恭敬服从的态度处之,这便是顺。.

忠顺不失,以事其上,然后能保其禄位,而守其祭祀,盖士之孝也。

解读:士的孝道包括两点:第一,要对长官服务尽到忠心。第二,要对同事中的年长位高者和悦顺从,多多请教，那么长官自然相信他是一个很好的属下。同事方面，都会同情他，协助他。如果这样，那他的忠顺二字不会失掉，他的禄位自然可以巩固，光宗耀祖的祭祀也可以保持久远，不至于失掉，这就是士的孝道吧。

《诗》云："夙兴夜寐，无忝尔所生。"

解读：孔子引《诗经·小雅》小宛章这两句话："初入社会做事的小公务员，要早起晚睡。上班办公，不要迟到早退、怠于职务，不要遗羞辱于生身的父母。"

庶人章

本章是孔子专对一般平民而说的。

本章分三段：

"用天之道"二句为第一段，说明取法于天，获利于地。

"谨身节用"三句为第二段，说明谨慎自身、节俭用度，才算是尽了孝道。

"故自天子至于庶人"四句为第三段，总结以上的五孝，各本天性，各尽所能。总之，孝道本无高下之分，也无终始之别，凡是为人之子女的，都应站在自己的岗位上，尽其应尽的责任。大而为国为民，小而保全自身，都算是尽了孝道，并不限于冬温夏清、昏定晨省，孜孜于口腹之养以为孝。只要把一颗爱敬的本心放在孝亲的上面，自然事事替父母着想，时时念父母恩爱。这样，为非作歹、作奸犯科，也就不敢去做；一举一动，都恐怕连累了父母，让父母担忧。于是，不但他个人是一个孝子，家庭方面也获得莫大的幸福，国家社会的秩序也受到最大的裨益，世界大同的理想也就不难实现。

用天之道，分地之利。

解读：孔子讲到百姓的孝道时说："我国自古以来就是一个农业国家，农民的孝道，就是要会利用四时的气候来耕耘收获，以适应天道，分辨土地的性质，来种植庄稼，生产获益，以收地利之果。"

谨身节用，以养父母，此庶人之孝也。

解读：百姓的孝道，除了上述的利用天时和地利以外，还包括：一要谨慎地保重自己的身体和爱护自己的名誉，不要使父母遗留下来的身体有一点儿损伤，名誉有一点儿败坏。二要节省用度，不要把有用的金钱作无谓的消耗。如果能够保重身体，爱护名誉，节省有用的金钱，使财物充裕，食用不缺，以孝养父母，那么父母一定是很喜悦的。这样，不但可以孝养父母，就是子女的教养费、社会的应酬，也足以应付了。这便是百姓的孝道。

故自天子至于庶人，孝无终始而患不及者，未之有也。

解读：所以说，上自国家元首，下至一般平民，孝道虽然有五种类别，但都本于每一个人的天性，来孝顺父母，所以说这个孝道，是没有终始的。若果有人说恐怕尽不了孝道的话，那是绝对没有的事。

三才章

本章是因为曾子赞美孝道的广大，所以孔子更进一步给他说明孝道的本原是取法于天地，立为政教，以教化世人。

本章共分四段：

自"曾子曰"至"民之行也"为第一段。就是要把孝道的本原讲给曾子听，以见道的本原是顺乎天地的经义，应乎民众的心理。

自"天地之经"至"不严而治"为第二段。就是把孝道作为元首教化民众的准则，不但教化易于推行，就是对于政治也有绝大的帮助。所以孔子特别告诉曾子的，就是"其教不肃而成，其政不严而治"。政教如此的神速进展，还有什么话可说？

自"先王见教"至"而民知禁"为第三段，说明孝道有如此的妙用，所以先王以身作则，率先倡导。

引诗为第四段。说明政府大员只要身体力行，都会被民众景慕，何况一国的元首呢？

曾子曰："甚哉，孝之大也！"子曰："夫孝，天之经也，地之义也，民之行也。"

解读：曾子以为保全身体、赡养父母，就算尽了孝道。自从听了孔子所讲的这五等孝道以后，不由得惊叹道："哎呀！孝道竟有这样大的力量！"孔子听见曾子赞叹，知道曾子对于他所讲的五孝，已有领悟。所以又说："你知道这个孝道的本原是从什么地分取法来的？它是取法于天地的。天有三光照射，能运转四时。以生物覆帱为常，这是天之经。地有五土之性，能长养万物，以承顺利物为宜，这是地之义。人得天之性，则为慈为爱。得地之性，则为恭为顺。慈爱恭顺，与孝道相合，故为民之行。"

天地之经而民是则之，则天之明，因地之利，以顺天下，是以其教不肃而成，其政不严而治。

解读：人生天地之间，当效法天经地义以为常道，而实践力行。但是爱亲之心，人人都有，其中的道理，知者甚少。唯有圣明的元首，效法天之明，教民出作入息，夙兴夜寐。利用地之宜，教民耕种五谷，生产孝养。以上法则，都是顺乎天地自然之理，以治理天下。这种教化，合乎民众的心理，民众自然都乐意听从，所以教化不待警戒而自成，政治不待严厉而自治。

先王见教之，可以化民也。是故先之以博爱，而民莫遗其亲；陈之于德义而民兴行；先之以敬让而民不争；导之以礼乐而民和睦；示之以好恶而民知禁。

解读：先代圣王，见教育可以辅助政治，化民成俗，所以他先以身作则，倡导博爱，使民众效法他的博爱精神，先爱其亲，所以没有遗弃其亲的人。宣扬道德和仁义，以感化民众，民众自然会兴起力行。对人对事，先实行敬谨和谦让，以为天下民众的表率，民众自会效法他的敬让，不会发生争端。诱导民众以礼乐教化，民众自然就相亲相敬，和平共处。再晓示民众，使知为善当有赏，作恶当受刑罚，民众自然晓得禁令的严重性，而不敢违犯法纪了。

《诗》云："赫赫师尹，民具尔瞻。"

解读：孔子引《诗经·小雅》节南山章的这一段话，是说周朝有显耀的姓尹的太师官，他仅是三公之一，尚且能为民众景慕，如果身为国家元首，以身作则，那天下的民众还能不爱戴和尊敬吗？

孝治章

本章是说天子、诸侯、大夫若能用孝道治理天下，便能得到人民的欢迎，能得到人民的欢迎，那才是孝治的本意，也就是不敢恶于人、不敢慢于人的实在表现。

本章共分五段：

自"子曰"至"以事其先王"为第一段，说明元首应该怎样尽孝。

自"治国者"至"以事其先君"为第二段，说明诸侯应该怎样尽孝。

自"治家者"至"以事其亲"为第三段，说明卿大夫及士人和庶人应该怎样尽孝。

自"夫然"至"如此"为第四段，说明王以孝治天下的最大效验。

最后引诗为第五段，以证明元首有了大德，四方万国，无不顺从。

按这一章的讲解，古人对于孝道是非常重视的。他并不限于爱敬自己的父母，而要推其爱敬之心于最疏远的人群中去，像这样的孝德感召，人人尽孝，国家何患不能强盛？假若不以孝道治理天下，爱敬之道，不出门庭，家不能保，国不能治，天下万国，皆视如仇敌，虽武器犀利，都不是长治久安之道。孟子说过："天时不如地利，地利不如人和。"以孝道治理天下，先得了人和，有了人和，还愁国家不能长治久安吗？当代国家的领袖，也应重视孝治。

子曰："昔者明王之以孝治天下也，不敢遗小国之臣，而况于公、侯、伯、子、男乎？故得万国之欢心，以事其先王。"

解读：孔子进一步给曾子解说："古昔的明哲圣王，用孝道治理天下的时候，推其爱敬之心以爱敬他人。对于附属小国派来的使臣，都不敢失礼忘敬，何况自己直属的封疆大吏如公侯伯子男呢？那自然更不敢轻视慢待了。对万国的诸侯不敢失礼，那么万国的诸侯也对他欣然服从，远近朝贡。照这样事其先王，那孝道就算尽到极点了。"

治国者不敢侮于鳏寡，而况于士民乎？故得百姓之欢心，以事其先君。

解读：古昔的诸侯，效法天子以孝道治理天下的方法，而以爱敬治其国。爱人的人，也受人爱，敬人的人，也受人敬重。连可怜无告的鳏夫寡妇，都不敢加以侮慢，何况一般的士民呢？因此，就能得到全国百姓的欢心，竭诚拥戴。照这样事其先君，就是尽到了孝道。

治家者不敢失于臣妾，而况于妻子乎？故得人之欢心，以事其亲。

解读：古昔卿大夫等的治家者，推其爱敬之情，下达于臣妾，虽较疏远的男仆和女佣，都不敢对他们失礼，更何况最能爱敬自己的妻子呢？因此，人不分贵贱，友谊不分亲疏，只要得到大家的欢心，以奉事其亲，然夫妻相爱，兄弟和睦，儿女欢乐，主仆愉快，一门之内，一片太和气象。以此孝道治家，就拥有理想的家庭。

夫然，故生则亲安之，祭则鬼享之，是以天下和平，灾害不生，祸乱不作。故明王之以孝治天下也如此。

解读：如果能依照以上所讲的以孝道治理天下，自然能得到天下人人的欢心。做父母的人，在活着的时候，就可安心享受他们儿女的孝养，去世以后，也就受用他们儿女的祭礼。照这样治理天下，形成和平气象，水、旱、风、火及病、虫、疠疫的灾害就不会在这个和乐的人间产生。战争及盗匪猖獗的祸乱，也不会在这个和平社会里兴起了。从这里可以知道历代明德圣王以孝治天下的效果，是怎样的高明了。

《诗》云："有觉德行，四国顺之。"

解读：孔子引《诗经·大雅》抑之章这两句话，是说明一国的元首如果有很好的道德行为，那么四方万国的人都被感化得心悦诚服，没有不顺从他的。由此可以证明以孝道治理天下的优点，再没有比他更好的方法了。

圣治章

本章分八段：

第一段说明人之行莫大于孝。

第二段说明尊父配天的创始。

第三段说明圣治尽孝的隆重。

第四段说明政教推行之易的原因。

第五段说明父子的关系如何重大。

第六段说明悖德悖礼，虽得一官半职，君子不以为贵。

第七段说明君子的作风可以示范人群，易于推行政教。

第八段引诗证明威仪的重要性。

按上章所讲的孝治，重在德行方面，而这一章的圣治，却在于德威并重。

曾子曰："敢问圣人之德，无以加于孝乎？"子曰："天地之性，人为贵。人之行，莫大于孝。"

解读：曾子听了孔子说了孝道之广大与极高的效果，以为政教之所以好，都是本于孝的德行，所以又问："圣人之德还有大过孝道的吗？"孔子说："天地之间人与物，都是一样得到天地之气以成形，承天地之理以成性。但物得气之偏，其气蠢，人得气之全，其质灵。因此，人能全其性，尽其情，故能与天地相参，而物不能。故天地之性，唯人为贵重。若以人的行为来讲，再没有大过孝的德行了。"

孝莫大于严父，严父莫大于配天，则周公其人也。

解读：万物出于天，人伦始于父，因此孝行之大，莫过于尊严其父，尊严其父，如能尊到祭天时，配天享受祭礼，那就尊到极点了。自古以来，只有周公做到这一点，所以配天之礼，是他创作的。

昔者周公郊祀后稷以配天，宗祀文王于明堂以配上帝，是以四海之内各以其职来祭。夫圣人之德，又何以加于孝乎？

解读：从前周朝的时候，武王去世，周公辅相成王，摄理国家政治，制礼作乐。他为了孝道，创制在郊外祭天的祭礼，乃以始祖后稷配享。另制定宗庙，祭祀上帝于明堂，以其父文王配享。周公这样追尊他的祖与父，是以德教倡率，而示范于四海。因此，海内的诸侯，各带官职来助祭，光宗耀祖，何大于此。孝德感人，这圣人的德行，又何能大过孝道呢？

故亲生之膝下，以养其父母日严。圣人因严以教敬，因亲以教爱。圣人之教，不肃而成，其政不严而治，其所因者本也。

解读：圣人教人以孝，是顺人性之自然，不是有所勉强。因为一个人的亲爱之心，是在父母膝下玩耍之时就生出来的，因为父母把他养育渐渐长大，他便对父母一日一日地尊敬起来。这是人的本性，是良知良能的表现。圣人就因他对父母日加尊敬的心理，就教以敬的道理，因他对父母爱的心理，就教以爱的道理。本来爱敬出于自然，圣人不过启发人之良心，因其人之本性教敬

137

教爱，并非有所勉强。故圣人之教，不待肃戒而自会成功。圣人的政，不待严厉而自会治理。他所凭借的就是人固有的本性。

父子之道，天性也，君臣之义也。父母生之，续莫大焉；君亲临之，厚莫重焉。

解读：天下做父亲的，一定爱他们的儿子，天下做儿子的，一定爱他们的父亲，父子之爱，是天生的，不是勉强的，这个父子之爱的里边还含有敬意，父如严君，故包含君臣之义。父母生下的儿子，上为祖宗流传后代，下生子孙继承宗嗣，家族的继续绵延，莫大于此。父亲对子，既是严君，又是慈亲，有两重恩爱，所以恩爱之厚，莫重于此。

故不爱其亲，而爱他人者，谓之悖德；不敬其亲，而敬他人者，谓之悖礼。以顺则逆，民无则焉，不在于善，而皆在于凶德；虽得之，君子不贵也。

解读：由于以上的原因，爱敬当由自己的父母起始。假如有人不爱自己的父母，而去爱别人，那就叫悖德。不敬自己父母而去敬别人，那就叫悖礼。爱亲敬亲，是顺道而行的善行，不爱不敬，就是逆道而行的凶德。立教的人，应该以顺德教化，使民知所爱敬，如果倒行逆施，悖德悖礼，民将怎样取法呢？今天不站在顺的善行上去做，反而站在恶的凶德方面去行，假定得了一官半职，有道德观念的君子，他绝不会以那个官职为贵重的。

君子则不然，言思可道，行思可乐，德义可尊，作（做）事可法，容止可观，进退可度，以临其民，是以其民畏而爱之，则而象之。故能成其德教，而行其政令。

解读：有道德的君子，却不是那样的做法，他讲出话来，必定思量可以使人称道他才讲，他行出事来，必定思量可以快慰于他才行，他所做的德行和义理，必定为人尊敬他才做。他所做的每一件事，必定可以为人取法他才做。他的容貌和举止，必定端庄伟大，可以观看，一进一退，都是合乎礼仪，可为法度。照这样的居高临下，驾驭百姓，老百姓自然畏服他，爱敬他，并以他为模范而仿效实行，所以能够很顺利地完成其德教，而政令不待严格督促，自然就推行了。

《诗》云："淑人君子，其仪不忒。"

解读：孔子引《诗经·曹风》的话："一个负责管辖百姓的善良君子，他的威仪礼节，一定没有差错，他才能够为人楷模，而为老百姓所取法了。"

纪孝行章

本章所讲的是平日的孝行，有五项当行的，有三项不当行的。

本章共分两段，前段所讲的包括居致敬、养致乐、病致忧、丧致哀、祭致严五项，这是孔子指出顺的道理，后段所讲的包括居上骄、为下乱、在丑争，这是孔子指出逆的道理。由顺德上去做，就是最完全的孝子。由逆道上去行，自然受到法律的制裁，得到不幸的结果。这个道理，很显然地分出两个途径。就是说，前一个途径，是光明正大的道路，可以行得通而畅达无阻的。后一个途径，是崎岖险径，绝崖穷途，万万走不得的。圣人教人力行孝道，免除刑罚，其用心之苦，极为深切。

子曰："孝子之事亲也，居则致其敬，养则致其乐，病则致其忧，丧则致其哀，祭则致其严，五者备矣，然后能事亲。"

解读：孔子说："大凡有孝心的子女们，要孝敬他的父母。第一，要在平常无事的时候，尽其敬谨之心，冬温夏清，昏定晨省，食衣起居，多方面注意。第二，对父母，要在奉养的时候尽其和乐之心，在父母面前一定要现出和悦的颜色，笑容承欢，而不敢使父母感到不安的样子。第三，父母有病时，要尽其忧虑之情，急请名医诊治，亲奉汤药，早晚服侍，父母的疾病一日不愈，一日不能安心。第四，万一父母不幸病故，就要在临终一刹那，谨慎小心，想父母身上所需要的，备办一切。不但穿的、盖的和棺材等物尽力配备，还要悲痛哭泣，极尽哀戚之情。第五，对于父母去世以后的祭祀方面，要尽其思慕之心，庄严地祭奠。以上五项孝道，行的时候必定出于真诚。不然，徒具形式，就失去孝道的意义了。"

　　事亲者，居上不骄，为下不乱，在丑不争。居上而骄则亡，为下而乱则刑，在丑而争则兵，三者不除，虽日用三牲之养，犹为不孝也。

　　解读：为人子女的要孝敬父母，不但要有以上的五致，还要有以下的"三不"：一、官位较高的人，就应当庄敬以待其部属，而不敢有骄傲自大之气。二、为人部属的小职员，就应当恭敬以事其长官，而不敢有悖乱不法的行为。三、在鄙俗的百姓中，要和平相处，不敢和他们争斗。假若为长官的人，骄傲自大，则必招来危亡之祸。位居部属的人，悖乱不法，则必招来刑罚的处分。在鄙俗的百姓中与人斗争，难免受到凶险的祸害。以上三项逆理行为，每一项都有危身取祸、殃及父母的可能。父母常以儿女的危身取祸为忧，为儿女的，若不戒除以上三项逆行，就是每天用牛、羊、猪这三牲的肉来养活他的父母，也不能得到父母的欢心，也不得谓之孝子。可见孝养父母，不在口腹之养，而贵在于保重自己的身体。

五刑章

前章所讲的纪孝行，有两条途径，走到敬、乐、忧、哀、严的道路，就是正道而行的孝行，走到骄、乱、争的道路，就是背道而驰的逆行。所以本章跟住前章所讲的道理再告诉曾子，说明违反孝行，应受法律制裁，使人有所警惕，而不敢犯法。这里所讲的五刑之罪，莫大于不孝，就是讲明刑罚的森严可怕，以教育世人走上孝道的正途。

本章分两段：

第一段，说明刑罚制裁不孝之罪。

第二段，希望世人最好不要走到这个要君、非圣人、非孝的坏路去。如果走到那个坏路去，不但为国家造出乱源，个人的生命也将要受到制裁。所以希望为人子女的，都向良知良能、爱敬父母的孝行方面来，不要一误再误，走到最危险的坏途去。圣人爱人之深，而警告之切，由此可见。

子曰："五刑之属三千，而罪莫大于不孝。"

解读：孔子对曾子提醒说："国有常刑，来制裁人类的罪行，使人向善去恶。五刑的条文，约有三千之多，详加研究，罪之大者，莫过于不孝，用刑罚以纠正不孝之人，自然民皆畏威，走上孝行的正道。"

要君者，无上；非圣人者，无法；非孝者，无亲。此大乱之道也。

解读：一个部下，如果找到长官的弱点，威胁逼迫，以达到他所希望的目的，那就是目中无长官；如果对立法垂世的圣人讥笑鄙视，那就是无法无天；如果对立身行道的孝行讥笑鄙视，那就是无父无母。像这样的要挟长官、无法无天、无父无母的行为，那就和禽兽一样，以禽兽之行，横行于天下，天下还能不大乱吗？所以说这就是大乱的道了。

广要道章

本章是孔子就首章所讲的"要道"二字，加以具体说明。使天下后世的为首长者，确知要道的法则可贵，明白实行以后有多大的效果。

本章分两段：

第一段，指出要道具体的实行方法。

第二段，说明要道守约施博的实行效验。

子曰："教民亲爱，莫善于孝；教民礼顺，莫善于悌；移风易俗，莫善于乐；安上治民，莫善于礼。"

解读：孔子说："治国平天下的大道，应以教化为先。教民相亲相爱，没有比孝道再好的了；教民恭敬和顺，没有比悌道更好的了；要想转移社会风气，改变民间习俗，没有比音乐更好的了；要想安定长官的身心，治理一国的人民，没有比礼法再好的了。"

礼者，敬而已矣。故敬其父则子悦，敬其兄则弟悦，敬其君则臣悦，敬一人而千万人悦。所敬者寡，而悦者众，此之谓要道也。

解读：以上所讲的孝、悌、乐、礼四项，都是教化民众的最好方法。但孝是根本，礼是外表，礼的本质，却是一个敬字。因此，如果一个元首，能恭敬他人的父亲，那么他的儿女一定是很喜悦的。敬他人的兄长，那么他的弟弟一定很喜悦。敬他人的长官，那么他的部下和老百姓也是很喜悦的。这个敬字，只是敬一个人，而喜悦的人，何止千万人呢？所敬者，只是父、兄、长官，而喜悦的却是子弟、部属、大多数的人。所守者约，而影响甚广，就是要道。

广至德章

本章分两段：
第一段，解释广至德的意义。
第二段，引诗证明所言非虚。

这一章的意思，就是希望执政的人实行至德的教化，感人最深，推行政治也较容易。执政的若能利用民众自然之天性，施行教化，不但人民爱之如父母，而且一切的政教设施都容易实行。

子曰："君子之教以孝也，非家至而日见之也。教以孝，所以敬天下之为人父者也；教以悌，所以敬天下之为人兄者也；教以臣，所以敬天下之为人君者也。"

解读：孔子为曾子特别解释说："执掌政治的君子，教民行孝道，并非是亲自到人家家里去教，也并非日日见面去教。这里有一个根本的道理。例如，以孝教民，使天下为人子的，都知尽事父之道，那就等于敬天下之为父亲的人了；以悌教民，使天下之为人弟的，都知尽事兄之道，那就等于敬天下之为人兄的人了；以部属的道理教人，那就等于敬天下之做长官的人了。"

《诗》云："恺悌君子，民之父母。"非至德，其孰能顺民如此，其大者乎？

解读：孔子引《诗经·大雅》洞酌章的两句话说："一个执政的君子，其态度常是和平快乐，他的德行常是平易近人，这样他就像民众的父母一样。"孔子引此诗的意思是说，没有崇高至上的一种大德，怎么能顺其民心到这种伟大的程度？

广扬名章

按这一章所讲的意思，就是教人立德，立功，爱护名誉，把忠孝大道都能推行到极点。

子曰："君子之事亲孝，故忠可移于君；事兄悌，故顺可移于长；居家理，故治。"

解读：孔子说："君子能孝亲，必具爱敬之诚，以爱敬之诚，移做事君，必能中于事君。他能敬兄，必具和悦态度。以和悦态度移于事长，必能顺于长官。居家过日子，都能处理得有条有理，他的治事一定很有办法，如移作处理公务，必能办得头头是道。因此，一个人的行为，能成功于家庭之内，这样由内到外，替国家办事，不但做官的声誉显耀于一时，而且忠孝之名将永远流传于后世。"

谏诤章

本章是讲为臣子的不可不谏诤君王。君王有了过失，为臣子的，就应当立行谏诤，以免陷君王于不义。

本章分三段：

第一段，因曾子发问而引起孔子的惊叹。

第二段，孔子举例说明谏诤之重要性，不但谏诤对于君父朋友的道德行为有关，而且对于天下和人心之影响亦大。

第三段，重说"从父之令又焉得谓孝乎"，是重复慨叹，以提醒世人不要轻视本章谏诤之意。

本章有双重意思，一面对于被谏诤的君父及朋友的一种警告说：接受谏诤，不但对于本身的过失有所改正，而且对于天下将有重大的影响，使他知道警惕。一面对谏诤者的臣子及友人一种启示：要事君尽忠，事父尽孝，对朋友尽信义，若见善不劝，见过不规，则陷君父朋友于不义，以至于遭受不测的后果，那么忠孝信义就化为乌有。

曾子曰："若夫慈爱、恭敬、安亲、扬名，则闻命矣！敢问：子从父之令，可谓孝乎？"子曰："是何言与！是何言与！"

解读：曾子因孔子讲过的各种孝道，就是没有讲到父亲有过应该怎样办，所以问道："从前讲的那些慈爱恭敬安亲扬名的教训，我都听懂了。还有一桩事，我是不大明白的，因此大胆地问：为人子的做到不违背父亲的命令，一切听从父亲的命令，是不是可以算为孝子呢？"孔子听了曾子的这一问题，就惊叹地说道："这是什么话呢！这是什么话呢！"

昔者天子有争臣七人，虽无道，不失其天下；诸侯有争臣五人，虽无道，不失其国；大夫有争臣三人，虽无道，不失其家；士有争友，则身不离于令名；父有争子，则身不陷于不义。

解读：孔子给曾子详加解说，父亲的命令，不但不能随便听从，而且要斟酌其命令，是否可行。例如，上古的时候，天子为一国的元首，如有善行，则是人民蒙福。元首如有过失，则全民受祸。假若有七位敢于直言谏诤的部属，天子虽然偶有差错，因有七位贤臣谏诤，时进忠言，勇于匡救，就不会失掉天下。诸侯若有五位谏诤的部属，格其非心，虽无道，也不会失掉他的国家。大夫是有家者，如果有三个谏诤的部属，他虽然间有差误，这三位部属早晚箴规，陈说可否，也不会失掉他的家。为士的，虽是最小的官员，无部下可言，假若有谏诤的几位朋友，对他忠告善导，规过劝善，那他的行为自能免于错误，而美好的名誉，就集中在他的身上了。为父亲的，若果有明礼达义的儿女，常常谏诤他，他就不会做错事，自然也就不陷于不义了。

故当不义，则子不可以不争于父，臣不可以不争于君。故当不义则争之，从父之令，又焉得为孝乎？

解读：无论君臣与父子，都是休戚相关的。所以遇见了不应当做的事，为子女的，不可不向父亲婉言谏诤。为部属的，不可不向长官直言谏诤。为臣子的，应当陈明是非利害，明切劝告。父亲不从，为子女的，应当婉言进谏，如触怒被打，亦不怨恨。君如不从，为部属的，应当进谏，如触怒受处，在所不惜。所以臣子遇见君父不应当做的事情，必须立即谏诤。若为人子的，不管父亲的命令是否合宜，一味听从，那就陷亲于不义，怎么还能算他是个孝子呢？

感应章

本章说明孝悌之道不但可以感人，而且可以感动天地神明。中国古代哲学，讲天人合一，故以天为父，以地为母。人为父母所生，即天地所生，所以说有感即有应，以证明孝悌之道无所不通。

本章共分四段：

第一段，说明孝悌感通天地。

第二段，说明孝悌感通鬼神。

第三段，说明孝悌远近幽明，无所不通。

第四段，引诗证明人同此心，心同此理。

子曰："昔者明王事父孝，故事天明；事母孝，故事地察；长幼顺，故上下治；天地明察，神明彰矣。"

解读：孔子说："上古的圣明之君，以父为天，以母为地，所以对于天地父母，同样看待。如事父孝，那就是效法天的光明。事母孝，那就是效法地的明察。推孝为悌，宗族长幼，都顺于礼，故上下的大小官员和老百姓，都被感化而能自治。照这样的一切顺序，人道已尽到好处了，人君如能效法天明，天时自顺，效法地察，地道自审，这样神明自然就会彰显护佑。"

故虽天子，必有尊也，言有父也；必有先也，言有兄也。宗庙致敬，不忘亲也；修身慎行，恐辱先也；宗庙致敬，鬼神著矣。

解读：所以说天子的地位，就算最崇高的了。但是还有比他更高的，这就是说：还有父亲的缘故。天子是全民的领袖，谁能先于他呢？但是还有比他更先的，这就是说：还有兄长的缘故。照这样的关系看来，天子不但不自以为尊，还要尊其父。不但不自以为先，还要先其兄。于是伯、叔、兄、弟都是祖先的后代。必能推其爱敬之心，以礼对待，并追及其祖先，设立宗庙祭祀，以表其爱敬之诚，这是孝的推广，不忘亲族之意，对于祖先，也算尽其爱敬之诚。但是自身的行为，稍有差错，就要辱及祖先。所以修持其本身的道德，谨慎其做事之行为，而不敢有怠慢之处，恐怕万一有了差错，就会遗留祖宗亲族之羞。至于本身道德无缺，人格高尚，到了宗庙致敬祖先，祖先都是高兴地来享受，洋洋乎如在其上，如在其左右。鬼神之德，于是显著多多。圣明之君，以孝感通神明，什么能大过它呢？

孝悌之至，通于神明，光于四海，无所不通。

解读：由以上的道理看来，孝悌之道，若果做到了至极的程度，就可以与天地鬼神相通，天人成了一体，互为感应，德教自然光显于四境之外，远近幽明，无所不通。照这样治理天下，自然民众和睦，上下无怨了。

《诗》云："自西自东，自南自北，无思不服。"

解读：孔子引《诗经·大雅》文王有声章的一段话说："天下虽大，四海虽广，但是人的心理，是一样的。所以文王的教化，广播四海，只要受到文王教化的臣民，地域不分东西南北，没有思虑而不心悦诚服的，这样可以证明盛德感化之深无所不通。"

丧亲章

本章是孔子对曾子专讲慎终追远之事。说父母在世之日，孝子尽其爱敬之心，父母可以亲眼看见，直接享受。一旦去世，孝子不能再见双亲，无法再尽敬爱之情。为孝子的那种心情，是何等哀痛。孔子特为世人指出慎终追远的大道，以传授曾子，教化世人，使知有所取法。

本章共分四段：

第一段说明孝子丧亲后的哀戚状态。

第二段说明哀戚之情要有限制。

第三段说明慎终追远的处理办法。

第四段说明孝道之完成。按孝为德之本，政教之所由生，故为生民之本。孝子生尽爱敬，死尽哀戚，生死始终，无所不尽其极。照这样孝顺双亲，把父母抚育之恩，可算完满答报了。但是孝子报恩的心理上，仍是永无尽期的。

子曰："孝子之丧亲也，哭不偯、礼无容、言不文、服美不安、闻乐不乐、食旨不甘，此哀戚之情也。"

解读：孔子说："孝敬父母的儿女，如果一旦丧失了父母，他的哀痛之情无以复加，哭得气竭力衰，不再有委曲婉转的余音。对于礼节，也不暇讲究，没有平时的那样有仪容。讲话的时候，也没有平时的那样文雅。人到了这种情形之下，就是有很讲究的衣服也不安心穿了，听见很好的音乐也不觉得快乐了，吃了美味的食物也不觉得香甜了。这样的言行动作，都是因为哀戚的关系，不由自主。这就是孝子的哀戚真情之流露。"

三日而食，教民无以死伤生，毁不灭性，此圣人之政也；丧不过三年，示民有终也。

解读：丧礼上说："三年之丧，水浆不入口者三日，三日而食，教民无以死伤生。"就是说，教民不要因哀哭死者，有伤自己的生命。哀戚之情，本发于天性，假如哀戚过度，就毁伤了身体，但是不能有伤生命，灭绝天性，这就是圣人的政治。守丧不过三年之礼，这就是教民行孝，有一个终了的期限。

为之棺？衣衾而举之；陈其簠簋而哀戚之；擗踊哭泣，哀以送之；卜其宅兆而安措之；为之宗庙，以鬼享之；春秋祭祀，以时思之。

解读：当父母去世之日，必须谨慎地把他的衣服穿好，被褥垫好，内棺整妥，外椁套妥，把他收殓起来。既殓以后，在灵堂前边，陈设方圆祭器，供献祭品。早晚哀戚，以尽孝思。送殡出葬，似乎不忍亲人离去。女子拊心痛哭，男子顿足号泣，哀痛迫切地来送殡。至于安葬的墓穴，必须选择妥善的地方、幽静的环境。卜宅兆而安葬之，以表儿女爱敬的诚意。既安葬以后，依其法律制度，建立家庙或宗祠。三年丧毕，移亲灵于宗庙，使亲灵有享祭的处所，以祀鬼神之礼祀之，春狄祭祀，因时以思慕之，以示不忘亲的意思，慎终追远之礼，孝敬哀戚之义，可谓完备了。

生事爱敬，死事哀戚，生民之本尽矣！死生之义备矣！孝子之事亲终矣。

解读：父母在世之日，要尽其爱敬之心，父母去世以后，要事以哀戚之礼。这样人生的根本大事，就算尽到了，养生送死的礼仪，也算完备了。孝子事亲之道，也就完成了。